Barbara Jaglarz / Georg Bemmerlein

Bußgeldkatalog 2 –

70 originelle Aufsatzthemen zu Regelverstößen

Sekundarstufe I

PERSEN

7. Auflage 2022
© 2009 PERSEN Verlag, Hamburg

AAP Lehrerwelt GmbH
Veritaskai 3
21079 Hamburg
Telefon: +49 (0) 40325083-040
E-Mail: info@lehrerwelt.de
Geschäftsführung: Christian Glaser
USt-ID: DE 173 77 61 42
Register: AG Hamburg HRB/126335
Alle Rechte vorbehalten.

Autorschaft: Barbara Jaglarz, Georg Bemmerlein
Covergestaltung: TSA&B Werbeagentur GmbH, Hamburg
Illustrationen: Barbara Jaglarz, Georg Bemmerlein und deren Lizenzgeber, Nataly Meenen (Hamburg)
Satz: MouseDesign Medien AG, Zeven
Druck und Bindung: Systemdruck Köln GmbH & Co. KG, Köln

ISBN: 978-3-8344-3472-2
www.persen.de

Inhalt

Vorwort

Die im zweiten Band des Bußgeldkataloges zusammengetragenen Zusatzaufgaben bieten wie Band 1 dem Klassenlehrer, Fachlehrer und Schulleiter neue und zusätzliche Möglichkeiten, angepasst und **originell auf Regelverstöße** während des Schullebens innerhalb und außerhalb des Unterrichts zu **reagieren.**

Die Aufgaben sind wie im ersten Band thematisch verschieden konzipiert. Viele sind allgemein gehalten, z.B. „Missachten der Anweisungen des Lehrers" o. Ä. Andere sind zur schnellen, sicheren Reaktion auf häufige spezielle Verstöße gerichtet, beispielweise „Täuschen" usw.

Die Aufgabenstellungen sind im zweiten Band ausschließlich **an der Erstellung von Texten** orientiert. Textarbeiten eignen sich in besonderem Maße, Schülern die Reflexion über das eigene Fehlverhalten zu ermöglichen. Die Intensität der Kontrolle dieser Zusatzarbeiten bleibt dem Lehrer überlassen.

Die verschiedenen Text- bzw. Aufsatzsorten orientieren sich an den in der Sekundarstufe I üblichen Text- und Aufsatzarten, wie sie im Deutschunterricht erlernt werden, von der Erzählung bis hin zu Sachtexten, wie Beschreibung, Pressetextsorten, Erörterungen oder Referaten. Ein beigefügtes Zusatzblatt (Folgeseite für Textaufgaben) ermöglicht es der Lehrkraft, den Umfang der geforderten Arbeit frei zu bestimmen.

Der Lehrer gewinnt so die Möglichkeit, sich gelassen zu zeigen und bei gespannter Situation, in der Frage um die angemessene Sanktion selbst entlastet, gegenüber den Schülern deeskalierend und entspannt zu reagieren.

Die freundlich gehaltenen und attraktiv gestalteten Aufgabenblätter sind dem jeweiligen Regelverstoß inhaltlich angepasst. **Gerade die selbständige Erstellung von Textarbeiten ist dazu geeignet, die Schüler dabei zu unterstützen, sich mit dem geahndeten Verstoß oder Teilaspekten desselben gedanklich auseinandersetzen.**

Für die Wirksamkeit der Zusatzaufgaben ist es durchaus wichtig, dass **die Schüler wissen, dass der Lehrer diese Kopiervorlagen besitzt und auch konsequent einsetzt.** Dadurch tritt Transparenz ein, die Schüler wissen was ein Verstoß „kostet" und fühlen sich in Folge dessen selbst sicherer.

Am Ende der Sammlung ist ein **Formularvorschlag zur Elterninformation** (Seite 84) beigefügt, um auch die **Eltern einbinden** zu können. Erfahrungsgemäß erhöht eine Information der Erziehungsberechtigten die pädagogische Wirkung und auch die Ausführungsqualität der Zusatzarbeiten wesentlich.

Die Erfahrung im Einsatz fertiger Zusatzaufgaben in den Klassenstufen 5 – 10 zeigt, dass die Schüler die mit dem Einsatz der Aufgaben verbundenen Spielregeln willig anerkennen und im Bewusstsein klarer und übersichtlicher Sanktionen disziplinierter handeln: „Ich werde es nicht mehr machen, weil ich die Konsequenzen jetzt kenne", schrieb ein Schüler. Die ansprechende Gestaltung der Aufgabenblätter mit ihren konkreten Arbeitsanweisungen wirkt zugleich stressabbauend und unterstützt das Aufrechterhalten eines positiven Lernklimas.

Ganz besonders bedanken wir uns bei unserem Lektor, Herrn Malte von der Heide, für seine immer freundliche und höchst kompetente Betreuung.

B. Jaglarz und G. Bemmerlein

Aufsatzthema: Missachten der Hausordnung

Nachdem Fuchs und Wolf schon wieder das Türschloss der Löwenhöhle mit Kaugummi zugeklebt hatten, hatte es der König der Tiere gründlich satt. Er erließ für die Tiere eine Waldordnung.

Verfasse diese Waldordnung, die für alle Tiere im Wald gelten soll.

Chaos auf Burg Schlotterstein

Der modrige Gespenstergraf Grusel von Schlotterstein auf Burg Schlotterstein klapperte vor Wut mit allen 203 Moderknochen, die er noch besaß. Genau 30 Minuten nach Mitternacht war er beim Spuken in der Gruft der Burgkapelle auf einer frischen Bananenschale ausgerutscht und hatte den rechten Daumenknochen verloren. Bis die alte Turmuhr ihr dumpfes *Eins* geschlagen hatte, hatte er zwischen Schmutz und Spinnweben gesucht und das gute Stück nicht mehr wiedergefunden. 486 Jahre lang hatte Graf Grusel zu Beginn der Geisterstunde mit hochgerecktem Daumenknochen den sieben Geisterkollegen, die mit ihm um 12 Uhr zum großen Spuk auf Schlotterstein antraten, alles Fürchterliche gewünscht. Nun war es mit der schönen Sitte vorbei. Nur weil sich eines der Burggespenster wieder achtlos danebenbenommen hatte – und das war nicht das erste Mal. Der Graf hatte in den letzten Jahrzehnten schon etliche Knochen durch seine leichtsinnigen Kollegen eingebüßt. Jetzt musste Schluss sein, jedenfalls für die nächsten 2000 Jahre. So beschloss der alte Graf zähne- und knochenknirschend, seine Mitgespenster zusammenzurufen, um eine verbindliche Spuk- und Gruselordnung zu erstellen.

Schreibe diese Gruselgeschichte fertig.

B. Jaglarz/G. Bemmerlein: Bußgeldkatalog 2
© Persen Verlag

Aufsatzthema: Missachten der Hausordnung

Die berühmten Bewohner der Stadt Schilda, die Schildbürger, hatten immer wieder Ärger mit der Straßenverkehrsordnung. Sie hatten es satt, an roten Ampeln zu warten, sich Geschwindigkeitsregeln zu unterwerfen, Parkverbote zu beachten und vor Zebrastreifen anzuhalten. Da beschlossen sie, in ihrer Stadt alle Verkehrsregeln abzuschaffen.
Doch nach diesem Beschluss gingen von Tag zu Tag mehr Schildbürger nur noch zu Fuß in die Stadt, ihre Autos ließen sie lieber zu Hause stehen.
Zuletzt setzten sie sich zusammen und schrieben an den Bürgermeister und den Stadtrat einen Brief, in dem sie über die vielen ärgerlichen Folgen ihres törichten Beschlusses berichteten und um Wiedereinführung der Verkehrsregeln baten.

Verfasse diesen Schildbürgerbrief.

Aufsatzthema: Missachten der Hausordnung

Ob es „Hausordnung" heißt oder „Spielregeln", es gibt kaum eine Schule ohne ein solches Regelwerk. Kann eine Schule ohne Hausordnung bestehen?

Erörtere das Für und Wider dieser Frage.

B. Jaglarz/G. Bemmerlein: Bußgeldkatalog 2
© Persen Verlag

Aufsatzthema: Unpünktlichkeit

Reizwortliste:
Till – Melanie – Verabredung – zu spät gekommen – gekränkt

Schreibe eine gute Erzählung, vergiss die Überschrift nicht.

Leider ohne Daniel ...

Es soll ein Super-Wandertag werden mit Übernachtung im Zeltlager. Daniel ist mächtig aufgeregt und freut sich auf das tolle Programm. Er hat alles was er braucht sorgfältig im Rucksack verpackt. Auf dem Weg zur Schule fällt ihm ein, dass er seine Taschenlampe vergessen hat. Im Zelt nachts ohne Taschenlampe? Das kommt nicht in Frage! Entschlossen macht Daniel kehrt, rennt nach Hause und steckt die Lampe in den Rucksack. Dann rast er in die Schule. Zu spät… Der Bus ist abgefahren, die Klasse ist weg.

Erzähle weiter, welche tollen Erlebnisse Daniel versäumt hat, z.B. Besichtigungen, Spiele, Wanderungen, Lagerfeuer, Grillen, Fackelwanderung, Geisterstunde usw.

10

Aufsatzthema: Unpünktlichkeit

Wer entweder über keine oder aber über eine unzuverlässige Uhr verfügt und nicht plant, eine andere Uhr zu beschaffen, sollte ernsthaft über den Bau einer Sanduhr nachdenken.

> **Aus zwei kleineren Plastikflaschen kann man eine Sanduhr bauen, wenn man in die Plastikschraub-deckel der Flaschen an gleicher Stelle Löcher bohrt und die Flaschen an den Deckeln aufeinander klebt.**

Informiere dich, beratschlage mit Freunden, wie die Bastelarbeit in Einzelheiten vor sich gehen könnte und schreibe eine genaue Anleitung, die Schritt für Schritt die Her-stellung einer Sanduhr beschreibt.
(Vielleicht baust du auch die Sanduhr und erklärst uns, wie du das gemacht hast.)

Materialliste:

_____

_____

_____

_____

Die Bauanleitung:

_____

_____

_____

_____

_____

_____

_____

_____

_____

_____

_____

Stichwortliste:
Schild an Türen: „Bitte nicht stören" – Musikstudio – Aufnahme Song – Hintergrundgeräusche

Schreibe zu den Stichworten eine fetzige Erzählung.

B. Jaglarz/G. Bemmerlein: Bußgeldkatalog 2
© Persen Verlag

Aufsatzthema: Stören des Unterrichts

Folgende Erzählskizze ist gegeben:
Zeit, Orte und Personen sind beliebig wählbar.
Handlung:
Letztes Training, Endspiel am nächsten Tag, Stadion besetzt, Training in den Park verlegt,
Training erschwert durch Störungen aller Art, Gärtner, Hundebesitzer, Omas und Opas,
kleine Kinder und Mamas, Radfahrer, andere Sportler, Würstchengriller, keiner hört auf
Bitten oder hat Verständnis, Training entnervt aufgegeben, Endspiel verloren.

Schreibe nach der Erzählskizze eine gute Erzählung.

III

Schreibe einen Zeitungsbericht für die Schülerzeitung, in der die folgenden Begriffe eine wesentliche Rolle spielen.

> „Tag der offenen Tür" in der Schule – Vorführung des neuen Musicals – Eltern und Bürgermeister – Turnhalle – Wasserrohrbruch – Bagger und Presslufthammer – überall Lärm

Erst platzte das Wasserrohr, dann die Musicalaufführung!

SCHOOL MUSICAL

B. Jaglarz/G. Bemmerlein: Bußgeldkatalog 2
© Persen Verlag

Überlege, welche Anweisung die Mutter dem Kind im ersten Bild gibt.
Schreibe zur Bildfolge eine schöne Erzählung.

Wer nicht hören will muss fühlen

Und Marie hört nicht zu...

Marie ist ein netter Mensch und freundlich zu allen. Sie hat nur zwei Schwächen. Sie ist ganz schön eitel und will immer die coolste Schülerin der Klasse sein. – Und zuhören kann sie nicht lange. Sie ist viel zu ungeduldig. Nicht nur zu Hause und bei den Freunden ist das so, sondern auch in der Schule. „Lehrergelaber", sagt Marie, „nervt allemal total." Es ist Mittwoch vor Karneval in der letzten Unterrichtsstunde. „Morgen, am Schwerdonnerstag, kommen alle Kinder in Verkleidung", sagt Frau Schwörer, die Klassenlehrerin. Marie redet gerade leise mit Melli und kriegt wie so oft nichts mit. Ist ihr ja auch egal, was Frau Schwörer sagt. Nach der Stunde muss Marie schnell nach Hause, denn Mama will mit ihr einkaufen fahren. Das wird bis zum Abend dauern und keine ihrer Klassenkameradinnen wird sie bis morgen sprechen.

Schreibe die Erzählung fertig.

B. Jaglarz/G. Bemmerlein: Bußgeldkatalog 2
© Persen Verlag

Aus Schaden wird auch Rudi klug

Mutter ruft: „Ich gehe zum Friseur! Höchste Zeit, ich sehe aus, wie ein gerupftes Huhn! Ach ja, bevor ich es vergesse, draußen wird's dunkel, dicke schwarze Wolken, da kommt ein Gewitter! Nimm bitte im Garten die Wäsche von der Leine und räume den Sonnenschirm weg!" Rudi sitzt am Computer. Er hört die Türe ins Schloss fallen und Mutters Auto wegfahren. Aber bevor er in den Garten geht, muss er im Computerspiel den neuen Level noch knacken. Seit einer Stunde sitzt er schon dran.

Schreibe die Erzählung fertig.

Waldbrandkatastrophe durch Lagerfeuer

Vier Jugendliche grillten im Wald – Schwerer Sach- und Personenschaden

Trotz Warnung vor Waldbrandgefahr durch Hinweisschilder, Radio und TV-Sendungen grillten vier Jugendliche in einem Kiefernwäldchen bei Los Angeles, Kalifornien, nicht weit von einem Villenviertel. Innerhalb kürzester Zeit stand der ausgetrocknete Wald durch Funkenflug in Flammen. Trotz des schnellen und massiven Einsatzes der Feuerwehr griff der Brand auf mehrere Wohnhäuser über, die vollständig abbrannten. Mehrere Anwohner erlitten Rauchvergiftungen, ein 72-jähriger gehbehinderter Rentner starb in den Flammen seines Hauses. Die jungen Leute erklärten, von der Gefährlichkeit ihres Vorhabens nichts gewusst zu haben. Sie hätten weder Zeitung gelesen, noch irgendwelche Nachrichten gehört und auch die Warnschilder nicht gelesen, obwohl sie daran vorbeigelaufen seien. Sie erklärten, sie „scherten sich nicht um das Gerede und die Schreibereien anderer Leute". Alle kamen in Untersuchungshaft und wurden wegen Brandstiftung, fahrlässiger Tötung und Körperverletzung angeklagt.

Schreibe zum Zeitungsartikel einen Leserbrief, in dem du deine Meinung zu solchem Verhalten äußerst.

_____

_____

_____

_____

_____

_____

_____

_____

_____

_____

_____

_____

_____

B. Jaglarz/G. Bemmerlein: Bußgeldkatalog 2
© Persen Verlag

Aufsatzthema: Täuschen

Schreibe zur Bildfolge eine schöne Erzählung.

Der Falschspieler

_____

_____

_____

_____

_____

_____

_____

_____

_____

_____

Täusche dich selbst...

Wenn Miriam Minigolf spielt, spielt sie am liebsten alleine. „Das gilt nicht!", sagt sie, sobald sie den Ball aus der Bahn schlägt. Springt der Ball beim Einlochen heraus, dann zählt sie den Erfolg trotzdem. „Das ist so gut wie drin", meint sie. Wird das Ergebnis zu schlecht, bricht sie das Spiel ab und fängt von vorne an. „Sonst wird das nichts!", ruft sie. So hat sie immer hervorragende Ergebnisse auf den Punktezetteln, die sie sammelt und von ihren Freundinnen bewundern lässt.

Auf der Klassenfahrt gibt's neben der Jugendherberge einen hübschen Minigolfplatz. Also beschließt der Klassenlehrer, in der Klasse ein Minigolfturnier abzuhalten. „Bildet Mannschaften zu je vier Kindern", ordnet Herr Müller an. „Die beste Gruppe bekommt einen Preis! Schummeln geht nicht, ich passe mit Frau Geiß und Frau Hermann genau auf, dass ihr korrekt zählt." Sofort laufen Charlotte, Nadja und Eileen zu Miriam. „Wir haben schon gewonnen!", triumphiert Nadja.

Schreibe die Geschichte fertig.

B. Jaglarz/G. Bemmerlein: Bußgeldkatalog 2
© Persen Verlag

Aufsatzthema: Täuschen

Bianca – einfach genial

Bianca malt nicht gut. Ob sie Talent hat, weiß sie nicht. Aber sie übt und probiert auch nicht, sie tut einfach nichts, es ist ihr egal und sie gibt sich auch keine Mühe. Die Kunstarbeiten, die sie in der Schule erledigen müsste, lässt sie sich zu Hause von ihrem großen Bruder Dominik machen. Dominik liebt seine kleine Schwester über alles. Außerdem malt er ihre Arbeiten ruckzuck mit links, denn er studiert Kunst an der Akademie. Herr Kupp, der Kunstlehrer, weiß nichts und merkt nichts, denn Bianca stört den Unterricht nicht, sondern tut immer so, als ob sie fleißig arbeitet. Von Biancas Arbeiten ist er natürlich hellauf begeistert. „So ein unglaubliches Talent", murmelt er und staunt. Bianca genießt ihre Starrolle in der Kunststunde und mit Eva, Laura und Mary, die Bescheid wissen, macht sie sich über Herrn Kupp in der Pause lustig. „Der Arme", kichert sie, „der versteht vielleicht etwas von Kunst, aber nichts vom echten Leben." Die AG „Darstellendes Spiel" will ihr neues Theaterstück in der Schule aufführen. Und Herr Kupp beschließt „ein Highlight beizusteuern", wie er sagt. Er empfiehlt der Schulleitung Bianca als Verantwortliche zum Malen des Bühnenbildes. „Ein Genie, das Mädchen", erklärt er Herrn Direktor Bruck, „das Kind müssen wir fördern und fordern!" Bianca bekommt zehn Meter Leinwand, 50 Farben in Riesentuben 20 verschiedene Pinsel und einen eigenen Raum, wo sie malen soll – in der Schule, weit weg von Dominik.

Erzähle die Geschichte fertig.

Aufsatzthema: Täuschen

Schreibe ein Referat über erlaubte Täuschungstechniken (z.B. Körpertäuschung) im Sport.

Nenne die Sportarten, erkläre wozu die Täuschungen dienen und wie sie funktionieren usw. Informiere dich im Internet, in der Fachliteratur, bei Sportkameraden, Mitschülern oder bei deinem Trainer usw.

B. Jaglarz/G. Bemmerlein: Bußgeldkatalog 2
© Persen Verlag

Zusatzaufgabe: Lautes Verhalten im Unterricht

Die heiligen Gänse der römischen Göttin Juno haben nach der Sage die Burg Roms, das sogenannte Kapitol, in dem der Junotempel lag, vor der Einnahme durch die Gallier gerettet.

Erzähle die Geschichte der „kapitolinischen Gänse" anhand der Bildergeschichte.

Die Sage von den „kapitolinischen Gänsen"

_____

_____

_____

_____

_____

_____

_____

_____

_____

_____

Aufsatzthema: Lautes Verhalten im Unterricht

Als lautstärkstes Tier gilt der in Südamerika lebende Brüllaffe.
Sein Geschrei ist selbst im Urwald kilometerweit zu hören.

Verfasse eine lustige Erzählung zum folgenden Thema.

Aus den Lebenserinnerungen eines Brüllaffen

B. Jaglarz/G. Bemmerlein: Bußgeldkatalog 2
© Persen Verlag

Aufsatzthema: Lautes Verhalten im Unterricht

Lawinenabgang durch Lärm – du warst als Skitourist Zeuge. Schreibe einen ausführlichen Bericht an die Polizei. Berichte wer, wo, wann und wie.

Beschreibe ausführlich die Folgen für die betroffenen Orte, Straße und Menschen (Opfer).

Bericht an das Polizeipräsidium in: _____

Aufsatzthema: Lautes Verhalten im Unterricht

Im Mietshaus Parkstr. 9 ist eigentlich alles in Ordnung. Wenn da nur nicht die Webers vom 5. Stockwerk wären. Chaotischer Lärm dröhnt ständig aus der Etage. Alle anderen sieben Mieter haben dem Hausbesitzer und Vermieter gedroht, erheblich weniger Miete zu zahlen, wenn er den Lärm nicht abstellt. (Das Recht dazu haben sie.)
Stelle dir vor, du wärst der Vermieter und möchtest dir deine Mieteinnahmen erhalten.
Schreibe einen höflichen, aber bestimmten Brief an die Familie Weber.
Beschreibe darin ausführlich die Beschwerden der Mieter, mache der Familie klar, an welche Regeln im Zusammenleben sie sich zu halten hat und mahne die Webers unter Androhung der Kündigung ab. (Das Recht dazu hat der Vermieter.)

Datum: _____

_Hi!_

B. Jaglarz/G. Bemmerlein: Bußgeldkatalog 2
© Persen Verlag

Aufsatzthema: Lautes Verhalten im Unterricht

V

Prüfe im Internet oder in der Fachliteratur, wie das Bild „Der Schrei“ von Edvard Munch in Farbe aussieht.

Male es dann in Farbe entsprechend der Malvorlage mit Wasserfarben.
Beschreibe oder interpretiere das Bild anschließend.

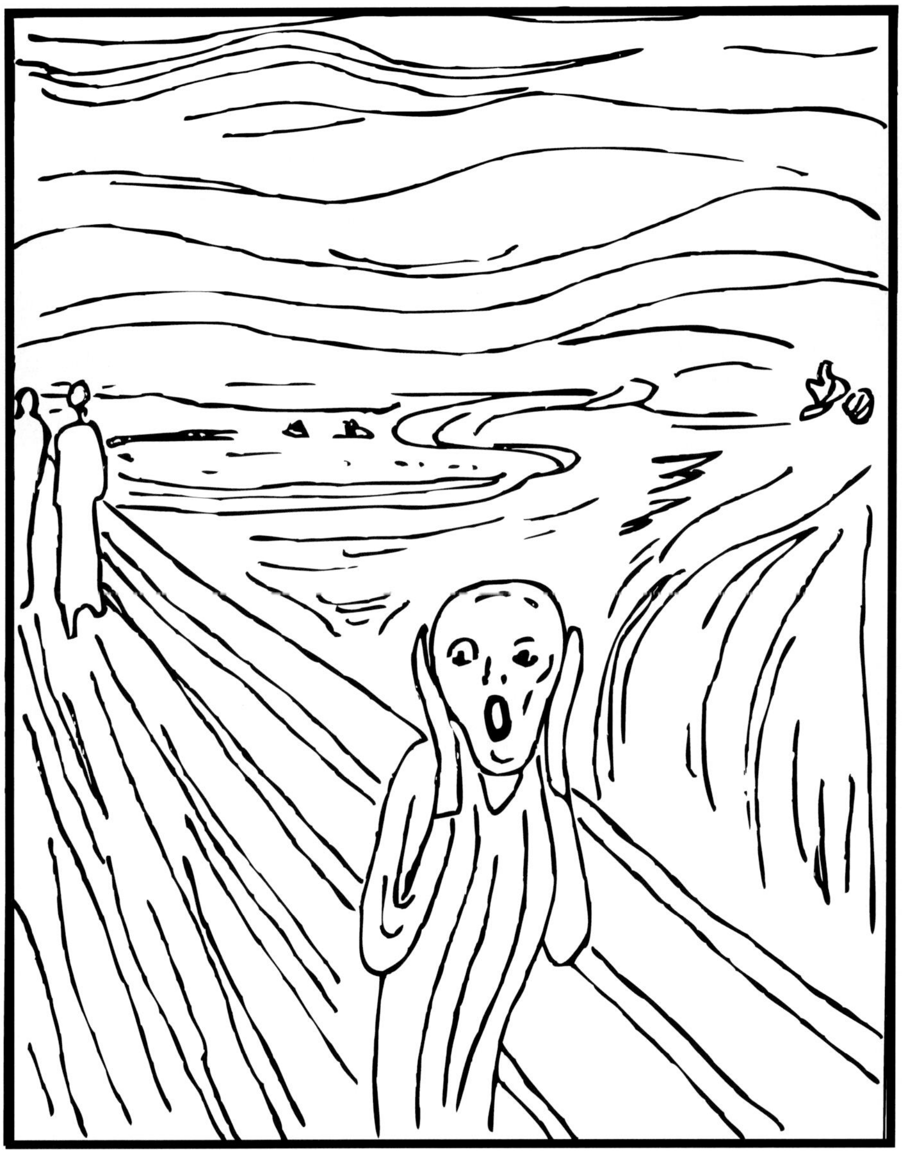

Edvard Munch: „Der Schrei“

Aufsatzthema: Elektronische Unterhaltungsgeräte im Unterricht

Wer Unterhaltungsgeräte in die Schule mitnimmt, kann sie auch dort verlieren. Um sie wieder zu erhalten, muss man sie beim Hausmeister oder im Sekretariat genau beschreiben können. Das muss man üben.

Beschreibe deshalb genau das abgebildete Handy.

B. Jaglarz/G. Bemmerlein: Bußgeldkatalog 2
© Persen Verlag

Erzähle zu den Bildern eine lustige Geschichte und vergiss die Überschrift nicht.

_____

_____

_____

_____

_____

_____

_____

_____

_____

_____

_____

Wörterliste:
Handy entwendet – Deutschstunde – Aufsatz – klingeln – Klassenbucheintrag

Schreibe eine gute Erzählung, vergiss die Überschrift nicht.

B. Jaglarz/G. Bemmerlein: Bußgeldkatalog 2
© Persen Verlag

Mobiltelefone – wo sind sie nützlich, wo sind sie nicht erlaubt?
Überlege dir Argumente und beispielhafte Situationen für beide Aspekte.

Schreibe dann ein Referat zum Thema:

Handys – Missbrauch und Nutzen

Um sich ungezwungen bewegen zu können, sollte man einen dafür geeigneten Platz aufsuchen, zum Beispiel eine Parkanlage.

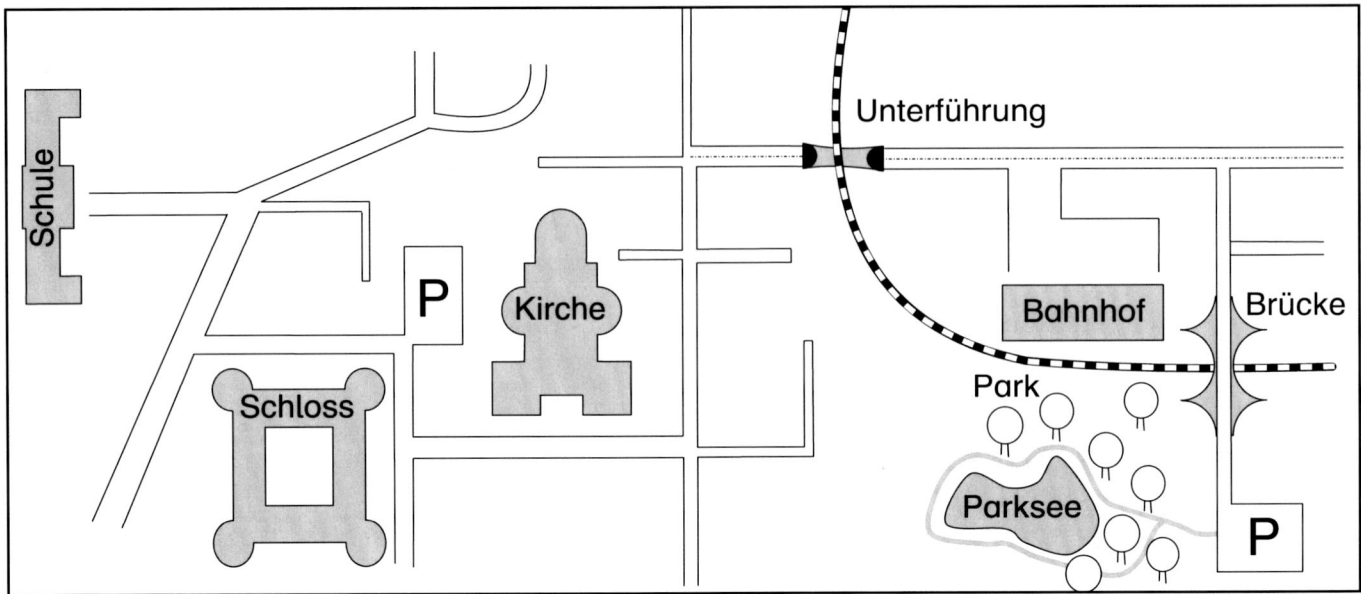

Beschreibe nach der Karte möglichst genau den Weg von der Schule in den Park.

B. Jaglarz/G. Bemmerlein: Bußgeldkatalog 2
© Persen Verlag

Aufsatzthema: Unerlaubtes Aufstehen und Herumlaufen

Informiere dich über die schnellsten Landtiere der Welt, wie sie aussehen, wo und wie sie leben, weshalb sie so schnell sein müssen und wie schnell sie laufen können.

Schreibe dann ein gutes Referat zum Thema.

Die schnellsten Landtiere der Welt

Aufsatzthema: Essen und Trinken im Unterricht

Wenn essen, dann bitte richtig … Erkundige dich, im Internet, im Kochbuch oder in einer Pizzeria, wie eine Pizza „Vier Jahreszeiten" (quadro stagioni) hergestellt und belegt wird. Schenke uns schriftlich das von dir erkundete Rezept.

Zähle zuerst die Zutaten auf und verfasse dann das ausführliche Kochrezept.

Zutaten:

_____

_____

_____

_____

_____

So wird's gemacht:

_____

_____

_____

_____

_____

_____

_____

_____

_____

_____

B. Jaglarz/G. Bemmerlein: Bußgeldkatalog 2
© Persen Verlag

Reizwortliste:
Pferdekoppel – Füttern verboten – Jonas liebt Pferde – Brötchen füttern – Pferde krank

Schreibe eine gute Erzählung, vergiss die Überschrift nicht.

Verfasse ein Referat zum Thema „Gesundes und ungesundes Essen und Trinken in der Schule".

Orientiere dich an folgenden Fragen:
- Weshalb ist gesunde Ernährung so wichtig?
- Wie werden Lebensmittel im Handel gekennzeichnet?
- Wo kannst du Informationen erhalten?

B. Jaglarz/G. Bemmerlein: Bußgeldkatalog 2
© Persen Verlag

Aufsatzthema: Kaugummikauen im Unterricht

Viele Menschen sehen das Kauen von Kaugummi auch als Ausdruck ihrer Persönlichkeit. Es soll oft dem sozialen Umfeld Selbstsicherheit und Lässigkeit demonstrieren. Leider wissen die Anderen das auch und sehen dem Bemühen des Einen cool zu wirken eher vergnügt zu, wie auch der Zeichner des folgenden Bildes.

Male das Bild aus und beschreibe das Mädchen genau.

Aufsatzthema: Kaugummikauen im Unterricht

Es gibt viele Tiere, die einen Großteil ihres Lebens kauend verbringen. Die Biologen fassen diese Gruppe von Tieren unter dem Begriff „Wiederkäuer" zusammen. Erkundige dich, um welche bekannten Tiere es sich handelt, wie lange und wie oft sie wiederkäuen und warum sie dies tun.

Schreibe dann ein Referat zum Thema „Die Wiederkäuer".

Die Wiederkäuer

_____

_____

_____

_____

_____

_____

_____

_____

_____

_____

_____

_____

_____

_____

_____

_____

_____

_____

B. Jaglarz/G. Bemmerlein: Bußgeldkatalog 2
© Persen Verlag

Aufsatzthema: Kaugummikauen im Unterricht

Die Kuh ist bekanntlich ein Wiederkäuer. Auch die „Gelbe Kuh" von Franz Marc.
Prüfe im Internet oder in der Fachliteratur, wie das Bild in Farbe aussieht.

Male es dann in Farbe entsprechend der Malvorlage mit Wasserfarben.
Beschreibe oder interpretiere das Bild anschließend.

Franz Marc „Die gelbe Kuh"

_____

_____

_____

_____

_____

_____

Aufsatzthema: Werfen von Gegenständen im Unterricht

I

„Na ja", seufzte Jenny, „musste denn Tommy unbedingt mitten im Unterricht den Frisbee aus dem Ranzen holen? Jetzt muss Jens Mutter die Bluse von Frau Stumm zur Reinigung bringen."

Schreibe zum oben vorgegebenen Ende die Geschichte, finde eine gute Überschrift!

B. Jaglarz/G. Bemmerlein: Bußgeldkatalog 2
© Persen Verlag

Warum müssen Gegenstände immer zu Boden fallen?
Informiere dich dazu in der Fachliteratur und im Internet.

Schreibe dann ein Referat zum Thema „Isaac Newton, ich hasse dich!".

Isaac Newton, ich hasse dich!
Warum Gegenstände immer zu Boden fallen

Der Schularzt Dr. Krämer will Schülern in einem Rundschreiben die ungesunden Folgen des Bespuckens anderer Kinder bzw. Jugendlicher unter anderem auch mit sogenannten „Spuckrohren" erklären.

Verfasse dieses Rundschreiben.

Liebe Schüler,

Euer Schularzt **Dr. H. Krämer**

B. Jaglarz/G. Bemmerlein: Bußgeldkatalog 2
© Persen Verlag

Aufsatzthema: Spucken in der Schule

Viele Tiere in der Natur spucken, z.B. das Kamel, das Lama oder die Speikobra.
Versuche, möglichst viel über das Leben und Verhalten solcher Tiere zu erfahren.

**Beschreibe Leben und Verhalten einiger dieser Tiere und vergleiche die Gründe,
weshalb Tiere spucken, mit den Gründen, weshalb Menschen spucken und fasse
deine Erkenntnisse in einem Referat zusammen.**

Weshalb spucken Tiere, weshalb Menschen?

Aufsatzthema: Arbeitsmaterial vergessen

Diplomingenieur Dr. Pütz hat im Bahnhof Hameln seine voll gepackte Tasche vergessen. Er ruft verzweifelt aus Köln in Hameln an, die Bahnhofsverwaltung möge die Tasche sicherstellen. Der Bahnangestellte verlangt eine genaue Beschreibung der Tasche.

Unten ist die Tasche abgebildet. Male sie aus und beschreibe sie genau.

_____
_____
_____
_____
_____
_____
_____
_____
_____
_____
_____
_____

B. Jaglarz/G. Bemmerlein: Bußgeldkatalog 2
© Persen Verlag

Der dümmste Bankräuber der Welt

Er vergaß, Augenschlitze in die Maske zu schneiden.

Erfinde zu der Schlagzeile eine gute Geschichte und schreibe sie als Zeitungsbericht.

Aufsatzthema: Arbeitsmaterial vergessen

Internet soll vergessen lernen

Ein bekannter Wissenschaftler fordert, das Internet müsse vergessen lernen. Da im Internet mittlerweile Daten fast unbegrenzt aufgehoben werden können und die Datenflut ständig wächst, können Privatleute in Zukunft kaum noch übersehen, welche Privatdaten über sie im Internet tatsächlich vorhanden und für andere zugänglich sind. Dadurch ist es möglich, dass in Zukunft auch „Jugendsünden" wie negativ wirkende Bilder oder ungünstige Forenbeiträge über viele Jahrzehnte aufgehoben werden. So kann beispielsweise ein Arbeitgeber zufällig auf Daten über einen Mitarbeiter stoßen, die keinen guten Eindruck machen, obwohl sie eigentlich uralter Käse sind und längst vergessen sein sollten. Zeit spielt im Web keine Rolle – alte und neue Informationen werden gleichberechtigt behandelt. Dies wird dazu führen, dass sich jeder überlegen muss, ob er im Internet seine freie Meinung äußern will und jeder auch ständig prüfen muss, was andere über ihn dort äußern und inwieweit er dies zulassen will. Deshalb fordert Professor Mayer-Schönfelder, dass alle privaten Internetdaten ein automatisches Verfallsdatum erhalten sollen.
Andererseits ist es gerade die Besonderheit und Stärke des Internets, dass Daten räumlich und zeitlich unbegrenzt möglichst vielen Nutzern zur Verfügung stehen können und sollen.

Erörtere: Soll das „Internet vergessen lernen?"

B. Jaglarz/G. Bemmerlein: Bußgeldkatalog 2
© Persen Verlag

... hab ich leider glatt vergessen ...

Schreibe aus der Bildergeschichte eine gute Erzählung.

Aufsatzthema: Hausaufgaben vergessen

Joschka war am Karnevalssamstag bei Oma zu Besuch. Die wohnt 300 Kilometer entfernt und Papa hat ihn hingefahren und wieder abgeholt. Joschka geht gerne zur Oma. Da gibt es den Schmusekater Mauz, immer Schokolade, Joschkas Lieblingsessen – Pfannkuchen – und einen riesigen Garten, wo Joschka mit den dortigen Nachbarskindern nach Herzenslust herumtollen kann. Schulbücher hat Mama ihm mitgegeben. Und Joschka hat dort auch gelernt – und die Bücher auch dort vergessen. Als er es bemerkt, ist Papa schon fast wieder zu Hause. Joschka weiß nicht einmal mehr so genau, wo die Bücher bei Oma herumliegen. Das Telefon ist bei Oma wie meistens abgestellt, das Handy bringt nichts. „Schreib zu Hause sofort einen Brief", sagt Papa im Auto, „vielleicht bringt die Post, wenn Oma sich beeilt, die Bücher noch rechtzeitig." Also schreibt Joschka, daheim angekommen, schweren Herzens einen Brief an Oma. „Oma hat früher bei Vergesslichkeit keine Gnade gekannt", meint Mama, „aber wenn du dich ganz lieb für die schöne Zeit bedankst und freundlich und nett bittest, erbarmt sie sich vielleicht, sucht die Sachen und beeilt sich mit der Post! Denk aber daran, dass du wunderschön schreibst, denn Oma hat schlechte Augen, ist ungeduldig und liest nicht gerne Unleserliches, sondern wirft es dann ungelesen weg!"

Hilf Joschka und schreibe diesen Brief an seine Oma.

Liebe Oma,

_____

_____

_____

_____

_____

_____

_____

_____

_____

_____

_____

_____

B. Jaglarz/G. Bemmerlein: Bußgeldkatalog 2
© Persen Verlag

Die Wunderschuhe

In Sport hatte Kevin „Dauerärger", wie er zu sagen pflegte. Er lief nicht schnell genug und das verhagelte ihm seit der Grundschule die Eins.

Eines Tages stöberte er in Omas Häuschen auf dem Speicher. Dort fand er uralte Sportschuhe, richtig altmodische, klobige, schwarze Lederdinger. Sie waren gefettet, unglaublich gepflegt und in Seidenpapier gewickelt. „Och", sagte Oma, „die gehörten Opa. Als er noch lebte war er der schnellste Läufer der Stadt, obwohl er nie trainierte. Weiß der Teufel, wie er das fertig gebracht hat. Die Schuhe hat er abgöttisch geliebt und gehegt und gepflegt. In denen ist er bei den Wettbewerben gelaufen. Du kannst sie haben, als Erinnerung an Opa."

Zu Hause betrachtete Kevin die Schuhe. „Meine Größe", dachte er. Er zog sie an und als er mit ihnen ein paar Schritte machte, wusste er sofort, warum Opa der Schnellste gewesen war: Die Schuhe liefen mit ihm, nicht er mit ihnen. Und sie rannten unglaublich schnell mit ihm. Von da an war er der beste Läufer der Schule, wie früher Opa. Die anderen lachten über die verrückten Schuhe, aber seine Erklärung, Opas Klamotten brächten ihm eben Glück, akzeptierte auch Herr Kapp, der sonst so strenge Sportlehrer. Dann kam das große Stadtsportfest der Schulen, Favorit im 100m-Lauf war Kevin, wer sonst.

Kevin kam, zog sich um – und hatte die Wunderschuhe zu Hause vergessen. „Macht nix, kommt vor!", rief Herr Kapp, „kein Problem, ich kenne den Besitzer des Sportgeschäftes gleich hier nebenan! Warte kurz, in drei Minuten bring ich dir ein Paar Superlaufschuhe!"

Erzähle die Geschichte fertig.

Aufsatzthema: Sportsachen vergessen

Ausgerechnet zum Sportfest hatte Mareike ihre Sportsachen vergessen.
Sie saß auf der Tribüne und schaute traurig zu.

Berichte ausführlich von dem Fest, an dem Mareike nicht teilnehmen konnte.

B. Jaglarz/G. Bemmerlein: Bußgeldkatalog 2
© Persen Verlag

Skandal bei der Kreismeisterschaft
Verantwortlicher vergaß sämtliche Mannschaftstrikots

Schreibe den Zeitungsbericht zu dieser Schlagzeile fertig.

_____

_____

_____

_____

_____

_____

_____

_____

_____

_____

_____

_____

_____

_____

_____

_____

_____

Aufsatzthema: Gegenstände wegnehmen

Ohne Schwimmbrille geht es einfach nicht

Kathrin ist neu in der Klasse. Bisher ging alles gut. Kathrin zeigt sich schlagfertig, fröhlich und sportlich. Das erkennt die Klasse an. Stefan muss aber unbedingt noch testen, was die Neue nervlich so aushält. Als Kathrin die Sachen für den Schwimmunterricht zusammenpackt, kommt die Gelegenheit. Sarah fragt Kathrin etwas und die ist abgelenkt. Blitzschnell greift Stefan zu und Kathrins extradichte Schwimmbrille verschwindet in seiner weitläufigen Jeansjacke. Feixend macht sich der Junge auf in die Sporthalle, während die Mädchen zum Bad gehen. Kathrin merkt leider nichts. Sie hätte sonst einen Aufstand gemacht, denn ihre Augen reagieren auf das Schwimmbadwasser, schwellen an und entzünden sich. Sie kann ohne ihre dichte Schwimmbrille nicht in Hallenbädern schwimmen.

Erzähle die Geschichte fertig.

B. Jaglarz/G. Bemmerlein: Bußgeldkatalog 2
© Persen Verlag

Blinden den Blindenstock abgenommen

Junger Mann bestahl Blinden – Täter festgenommen

Wie die Polizei in Mittelfranken mit Pressemeldung vom 05.06.2008 berichtete, hatte ein Unbekannter einem 63-jährigen erblindeten Mann den Blindenstock am U-Bahnhof „Klinikum Fürth" abgenommen. Zuvor hatte er den Blinden beschimpft, weil dieser auf dem Weg zu einer Sitzbank mit dem Fahrrad des Mannes versehentlich leicht zusammengestoßen war. Der Blinde rief um Hilfe, aber die hinzueilenden Passanten konnten den flüchtigen Dieb nicht mehr einholen.

Der junge Mann war am Abend des 10.06.2008 einer Polizeistreife aufgefallen. Er war deutlich unter Alkoholeinfluss stehend am Obstmarkt mit einem gestohlenen Fahrrad unterwegs. Die erste Überprüfung ergab einen Atemalkoholgehalt von annähernd 2 Promille. Daraufhin wurde der Mann festgenommen und der Kriminalpolizei übergeben. Bei den im Laufe des folgenden Tages durchgeführten Vernehmungen gab der Mann zu, vor einer Woche dem blinden Mann im U-Bahnhof den Blindenstock „zur Strafe" weggenommen zu haben. Er hatte kurze Zeit später den Stock weggeworfen, der mittlerweile an der von ihm gezeigten Örtlichkeit wieder aufgefunden werden konnte.

Schreibe zum Zeitungsartikel einen Leserbrief, in dem du deine Meinung zu solchem Verhalten äußerst.

Aufsatzthema: Mitschüler ärgern

Fabeln sind belehrende Geschichten von Tieren, die wie Menschen denken, sprechen und handeln. Fabeln gibt es seit mindestens 2500 Jahren und es werden heute immer noch neue Erzählungen dieser Art erfunden.

Erzähle die Fabel „Fuchs und Storch" nach folgender Bildergeschichte und erkläre dann, was diese Fabel die Zuhörer oder Leser lehren will.

Die Fabel vom Fuchs und Storch

_____

_____

_____

_____

_____

_____

_____

_____

_____

_____

B. Jaglarz/G. Bemmerlein: Bußgeldkatalog 2
© Persen Verlag

Aufsatzthema: Mitschüler ärgern

Wenn Kinder oder Jugendliche immer wieder Kolkraben ärgern, was junge Menschen gerne tun, dann merken die Raben sich die Gesichter und versuchen diese Menschen auf ihre Art zu vertreiben. Sie werfen von Bäumen Steinchen, Aststücke oder Nüsse auf die jungen Leute oder fliegen dicht über diese hinweg, um sie zu erschrecken. Dabei können die Vögel sehr dreist und zahlreich auftreten.

Erfinde mithilfe der vorstehenden Information einen aufregenden Zeitungsbericht.

Aufsatzthema: Mitschüler beleidigen bzw. kränken

Verfasse mithilfe der folgenden Reizwörter, die alle in der Geschichte enthalten sein müssen, eine spannende Erzählung. Verpasse der Geschichte ein „Happy end", also einen glücklichen, versöhnlichen Ausgang. Erfinde eine spannende, fetzige Überschrift.

Reizwortliste:
Fußball – Stürmer – Beleidigung – rote Karte – Tor

B. Jaglarz/G. Bemmerlein: Bußgeldkatalog 2
© Persen Verlag

Aufsatzthema: Mitschüler beleidigen bzw. kränken

Angefangen hatte alles, als Tommy Bettinas Halskette zerriss. Aus Versehen war es passiert, beim freundschaftlichen Balgen auf dem Pausenhof. Tommy wusste nicht, dass die kleine Silberkette ein Andenken an Bettinas verstorbene Oma war. Bettina trug das Kettchen Tag und Nacht. Tommys Bedauern klang nicht eindrucksvoll: „Tschuldigung, kann passieren, kauf dir für die Schule was Besseres!" Von da an war Bettina nicht nur traurig, sie war wütend auf Tommy. Die Kette war zwar repariert, aber Bettinas Wut kochte weiter. Tommy war im Gegensatz zu Bettina kein guter Schüler. Früher hatte sie ihm geholfen, jetzt erklärte sie, er sei dumm, lachte ihn im Unterricht aus, verpetzte ihn bei jeder Gelegenheit und beschimpfte ihn, wenn es irgendwie ging. Tommy wehrte sich und beleidigte Bettina so gemein, dass sie weinte, denn er kannte weit üblere Schimpfwörter als sie. Eva, die Klassensprecherin, hatte vom Zank genug. Sie bat die beiden, ihren Streit schlichten zu lassen.

In der Schule gab es Schüler, die als Streitschlichter ausgebildet waren. Sie hörten sich beide Kinder an, sprachen mit ihnen und entwarfen zusammen mit ihnen einen Schlichtungsvertrag, den beide unterschrieben.

So ein Schlichtungsvertrag enthält mindestens:
- Die Namen der Streitenden
- Beschreibung des Streits
- Was die Streitenden voneinander erwarten, um zukünftige Konflikte zu vermeiden.
- Was die Streitenden unternehmen werden, um besser miteinander umzugehen.
- Datum und Unterschriften aller Beteiligten.

Entwirf für Bettina und Tommy einen fairen Schlichtungsvertrag.

Schlichtungsvertrag:

_____

_____

_____

_____

_____

_____

_____

_____

_____

_____

An der Schillerschule treffen sich die Schülersprecher um zu überlegen, was sie gegen die Aggression in der Schule tun können. „Wie wär's mit einem eigenen Raum zum Toben, wo man in der Pause die Energie herauslassen kann?", fragt Tom. „Im Keller stehen doch Räume leer." „Und was soll da in den Raum?", fragt Eva, „da müssen wir uns was überlegen, damit das auch Sinn macht." Die anderen finden die Idee prima und beschließen, einen Brief an den Schulleiter zu verfassen, in dem der Vorschlag genauer erläutert wird. Aber keiner will dann den Brief schreiben. „Keine Zeit wegen Handball", sagt Tom, „hab übermorgen Mathe-Arbeit", sagt Eva, „nicht bei meiner Deutsch-Note!", ruft Andreas.

Also schreibst du den Brief in ordentlicher Briefform.

B. Jaglarz/G. Bemmerlein: Bußgeldkatalog 2
© Persen Verlag

Der Arzt hat Kevins Wunde an der Stirn genäht und ihn ermahnt, sich „in Zukunft bei derartigen Auseinandersetzungen in der Pause zurückzuhalten."

**Überlege in welche Auseinandersetzung Kevin verwickelt gewesen sein könnte.
Schreibe dann an die Krankenversicherung Kevins den Unfallbericht.**

Allgemeine Landeskrankenversicherung
Beschreibung des Tathergangs

Name des Verletzten: _____

Postleitzahl, Wohnort, Straße: _____

Beschreibung des Vorgangs (Datum, Zeit, Ort, Beteiligte Personen, Zeugen, Vorgang des Tathergangs, Art und Schwere der Verletzungen, Versorgung des Verletzten)

_____

_____

_____

_____

_____

_____

_____

_____

_____

_____

_____

_____

_____

Angriffe auf Rollstuhlfahrer
Rechtsradikale Jugendliche attackieren Behinderte in Neustadt

Mehrfach sind im vergangenen Jahr in Neustadt Behinderte von jungen Rechtsradikalen angegriffen worden. Am Schlimmsten war ein Angriff am 9. Dezember in der Unteren Badgasse, der längere Zeit gar nicht bekannt war. Drei Jugendliche fielen über einen 20-jährigen Büroangestellten her und prügelten ihr Opfer derart, dass es aus dem Rollstuhl stürzte. Die Polizei hat die Täter ermittelt. Der Chef der Polizei erklärte, dass man schon seit mehreren Jahren Probleme mit radikalen Jugendlichen habe, die in Gruppen organisiert seien, ihre rechtsextreme Gesinnung offen zeigten, in den Gaststätten der Stadt Schlägereien anzettelten und auch Andersdenkende oder Menschen, die bestimmten gesellschaftlichen Gruppen angehörten, gewalttätig verfolgten.

Verfasse zum Zeitungsartikel einen Leserbrief an die „Neustädter Nachrichten".

B. Jaglarz/G. Bemmerlein: Bußgeldkatalog 2
© Persen Verlag

Bildbeschreibung: Beschreibe genau das folgende Schülerbild eines Lügenbeutels.

Schülerarbeit

Der Lügenbeutel

_____

_____

_____

_____

_____

_____

_____

_____

_____

_____

_____

_____

Der großspurige Oberangeber und Sprücheklopfer Baron von Flunker erzählt:

Stichwortliste:
Sportwagen – sehr eilig – Autobahn – große LKWs versperren die Überholspur –
tiefe Wellen in der Fahrbahn – unter dem LKW durch.

Verfasse mithilfe der Stichwortliste die Lügengeschichte des Barons und vergiss die Überschrift nicht.

B. Jaglarz/G. Bemmerlein: Bußgeldkatalog 2
© Persen Verlag

Aufsatzthema: Lügen

III

Bedeutende Philosophinnen und Philosophen, unter anderem auch Immanuel Kant, sind der Meinung, der Mensch dürfe auf keinen Fall lügen, weil die Unwahrheit immer schädlich sei. Andere machen das Verbot der Lüge davon abhängig, was sie bezweckt. Eine sogenannte „Notlüge" ist nach Ansicht dieser Denkerinnen und Denker erlaubt, wenn sie in der Absicht geschieht, Schaden abzuwenden.

Erörtere das Für und Wider dieses uralten Streites, nenne Argumente pro und contra:

Ist eine Notlüge erlaubt?

Aufsatzthema: Müll am Sitzplatz

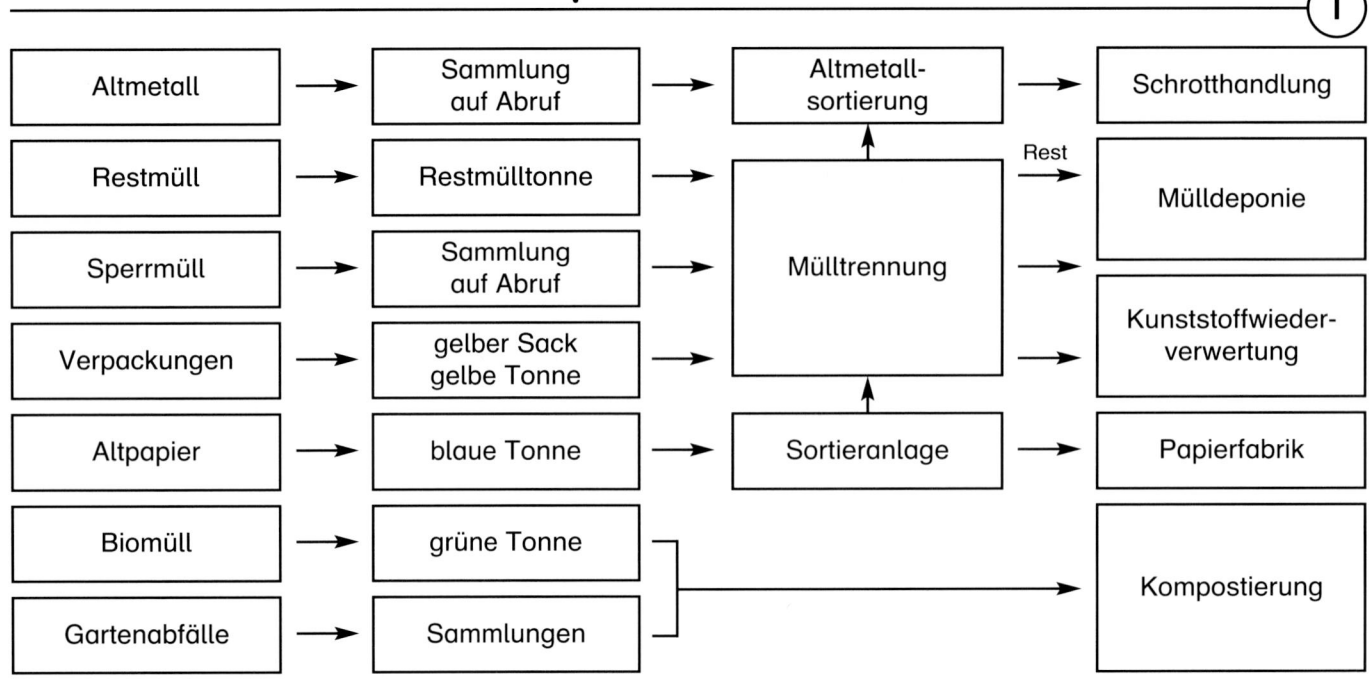

I

Setze das obige Schemabild der Müllentsorgung in einen sprachlich guten Text um.

B. Jaglarz/G. Bemmerlein: Bußgeldkatalog 2
© Persen Verlag

Schon wieder wilde Mülldeponie

Ausgerechnet in Naturschutzgebiet – Polizei bittet um Mithilfe.

Schreibe den Zeitungsbericht zu dieser Schlagzeile.

_____

_____

_____

_____

_____

_____

_____

_____

_____

_____

_____

_____

_____

_____

_____

_____

_____

Schon in der frühesten Zeit menschlicher Zivilisation, der bäuerlichen Jungsteinzeit, wurde Müll nicht achtlos innerhalb des privaten Lebensbereiches gelagert, sondern abseits entsorgt.

Informiere dich und schreibe ein Referat zur Geschichte der Müllentsorgung bei den Menschen von der Steinzeit bis heute.

_____

_____

_____

_____

_____

_____

_____

_____

_____

_____

_____

_____

_____

_____

_____

_____

_____

_____

B. Jaglarz/G. Bemmerlein: Bußgeldkatalog 2
© Persen Verlag

Auf Rennstrecken geht es tatsächlich um Geschwindigkeit.

In der nachfolgenden Abbildung siehst du ein Siegerrennauto. Beschreibe es genau.

Aufsatzthema: Rennen im Schulgebäude

II

Ein Paradox (griechisches Fremdwort, wörtlich übersetzt: „gegen die Lehrmeinung") ist ein logischer Widerspruch. Ein bekanntes Beispiel ist der Trugschluss des griechischen Philosophen Zenon von Elia, das sogenannte Paradoxon von „Achilles und der Schildkröte".

Informiere dich und erkläre dieses Paradoxon schriftlich mit eigenen Worten.

B. Jaglarz/G. Bemmerlein: Bußgeldkatalog 2
© Persen Verlag

Aufsatzthema: Beschädigung von Schuleigentum

Informiere dich über die Bedeutung des Spruches: „**Wie ein Elefant im Porzellanladen.**"

Schreibe dann eine Geschichte, in der die Redewendung vorkommt.

Der Klassenraum der 9c liegt ebenerdig, die großen Fenster gehen direkt auf einen schönen Rasenplatz. Dort wollte Andy aus der 9c in bester Sommerlaune ein Pausennickerchen machen – aber nicht auf dem Rasen, auf seinem Stuhl natürlich. Also warf er das Sitzmöbel zu Beginn der Pause durch das offene Fenster nach draußen. Am Wochenende zuvor waren die Fensterputzer perfekt zu Werke gegangen. Deswegen merkte Andy nicht, dass das Fenster geschlossen war. Der Stuhl kam draußen an, zusammen mit 1000 Splittern Fensterglas. Andys Papa war stocksauer, die Haftpflichtversicherung musste jetzt zahlen. „Das ist mir so was von peinlich", fluchte er, „den Bericht an die Versicherung schreibst du selbst!" Also muss sich Andy an die Arbeit machen…

Schreibe den Versicherungsbericht.

Versicherungsbericht an die Haftpflichtversicherung

Name des Versicherten: _____

Ort, Datum: _____

Ort und Datum des Eintritts des Versicherungsschadens: _____
_____

Beschreibung des Herganges, der zum Schaden führte:

_____

_____

_____

_____

_____

_____

_____

_____

_____

_____

Aufsatzthema: Werfen von Gegenständen auf dem Schulgelände

Zugegeben: So eine Kastanie liegt richtig gut in der Hand wenn man sie wirft. Aber sie ist ziemlich hart für den, den sie trifft. Also wirf nicht damit und auch nicht mit anderen harten Gegenständen.

Beschreibe lieber anhand der Bildfolge, wie eine Kastanie entsteht.

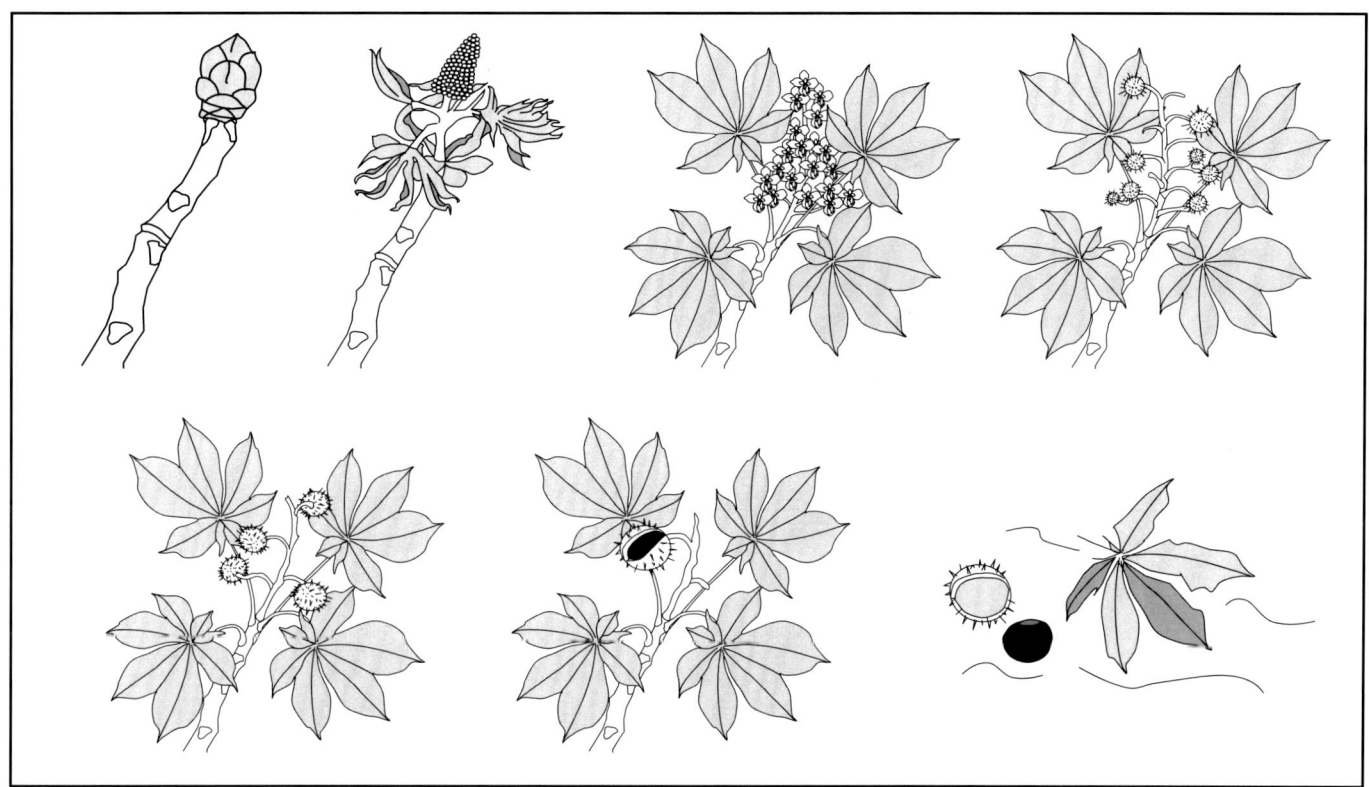

Jugendliche warfen Steine aus Langeweile von einer Autobahnbrücke, eine Frau starb.

Am 27. Dezember 1997 zersprang auf der Autobahn zwischen Piacenza und Turin nahe Tortona beim Durchfahren einer Autobahnbrücke die Windschutzscheibe eines Mercedes. Nachdem der Fahrer sein Fahrzeug zum Stehen gebracht hatte, stellte er fest, dass seine Frau auf dem Beifahrersitz von einem großen Stein erschlagen worden war. Schon zum sechsten Mal waren in dieser Gegend Fahrzeuge von Autobahnbrücken aus mit Steinen beworfen worden.

Als Täter ermittelte die Polizei in Tortona sieben arbeitslose Jugendliche, darunter ein Mädchen. Sie hatten keine Vorbilder, keine Ziele und keine Pläne für die Zukunft, lebten von Sozialhilfe, hatten nichts zu tun und litten unter Langeweile.

Schreibe zum Zeitungsartikel einen Leserbrief, in dem du deine Meinung zu solchem Verhalten äußerst.

B. Jaglarz/G. Bemmerlein: Bußgeldkatalog 2
© Persen Verlag

Beschreibe das folgende Bild und erläutere, was die Malerin uns mitteilen will.

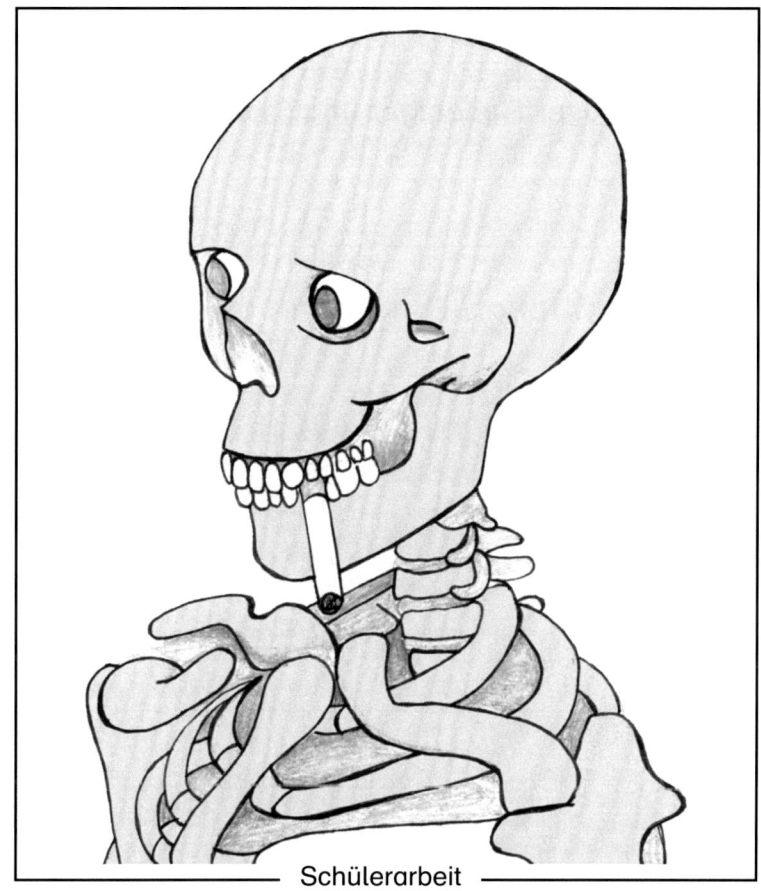

Schülerarbeit

In öffentlichen Gebäuden und in Gaststätten ist Rauchen fast immer verboten, weil Rauchen der Gesundheit schadet, ja tödlich enden kann. Aber viele Menschen wehren sich, sie empfinden das Rauchverbot als unzulässigen Eingriff in die persönliche Freiheit.

Erörtere das Für und Wider dieser Gesetzgebung, nenne Argumente pro und contra und fälle dein eigenes Urteil.

Soll Rauchen in öffentlichen Bereichen gesetzlich verboten sein?

B. Jaglarz/G. Bemmerlein: Bußgeldkatalog 2
© Persen Verlag

Beispielarbeiten

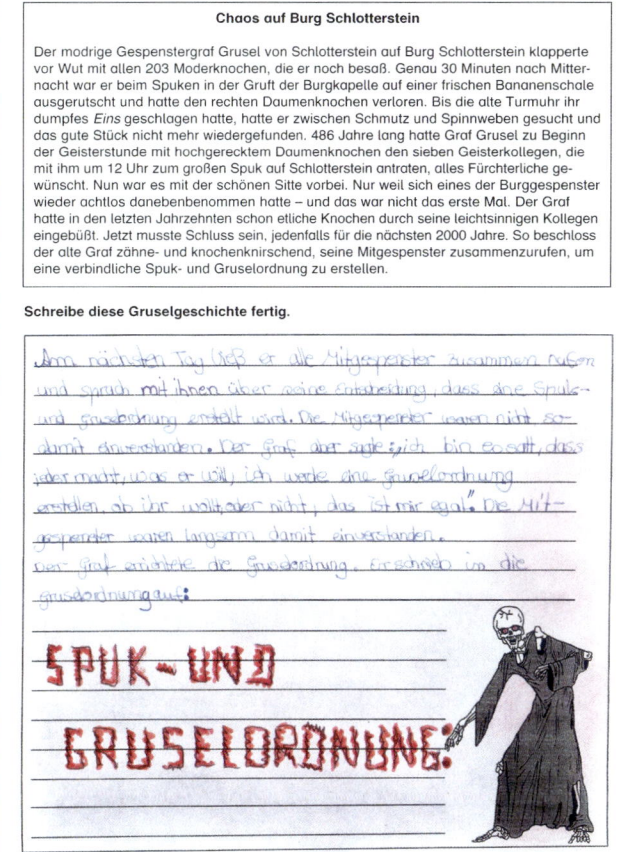
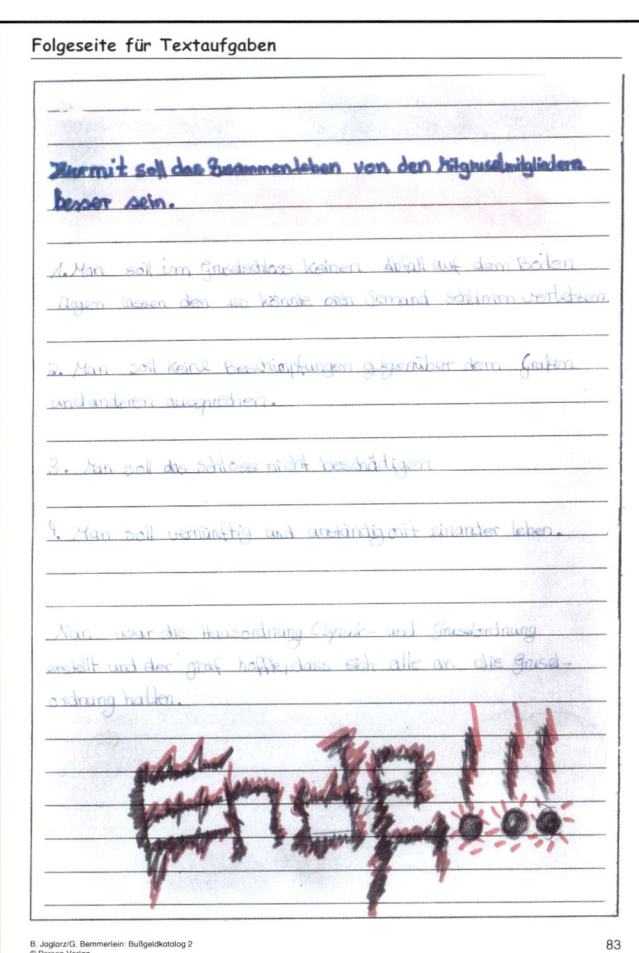
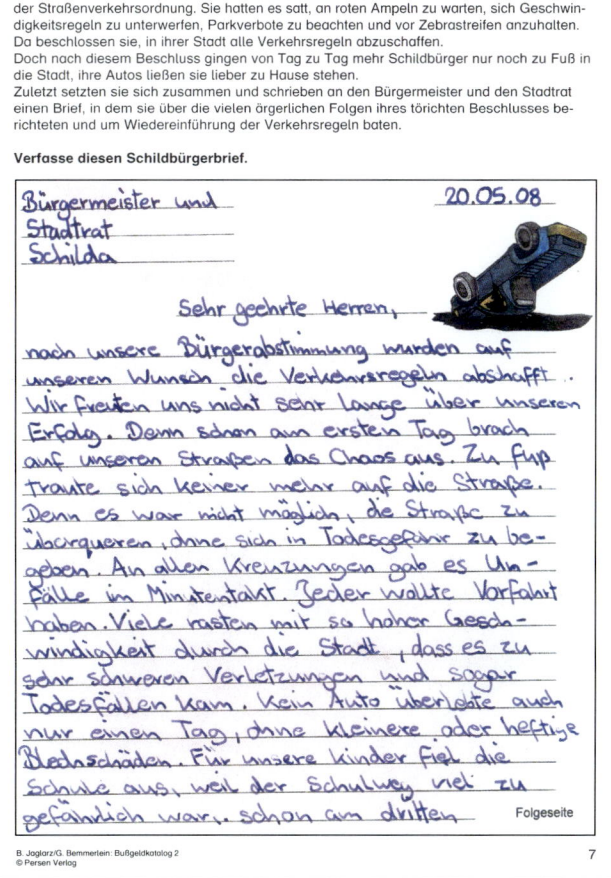

Beispielarbeiten

Folgeseite für Textaufgaben

Tag haben wir verstanden, dass alle Regeln nur zu unseren Sicherheit eingeführt wurden.
Deshalb bitten wir heute darum, die Verkehrsregeln mit sofortiger Wirkung wider einzuführen. Wir fahren lieber mit Regeln, als gar nicht.

Und die **Moral** von der Geschichte:
Regeln hält man oder nicht.
Besser wärs sie einzuhalten
sonst muss die Fr. Jaglarz walten.
Ich muss dann 'nen Aufsatz schreiben
und mein Handy in der Schule bleiben.

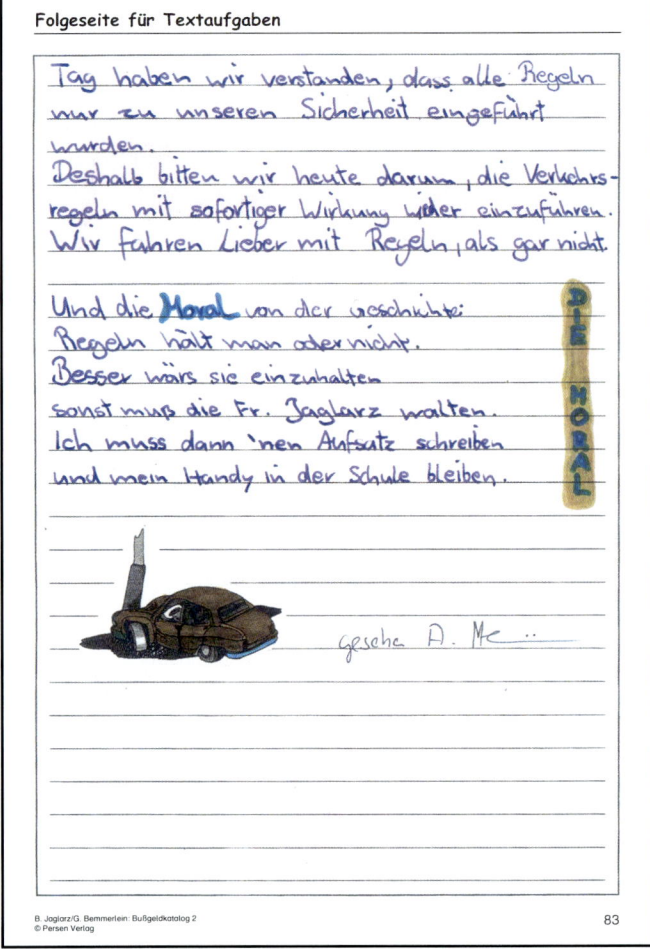

gesehen A. Mc...

Aufsatzthema: Missachten der Anweisungen des Lehrers (III)

Aus Schaden wird auch Rudi klug

Mutter ruft: „Ich gehe zum Friseur! Höchste Zeit, ich sehe aus, wie ein gerupftes Huhn! Ach ja, bevor ich es vergesse, draußen wird's dunkel, dicke schwarze Wolken, da kommt ein Gewitter! Nimm bitte im Garten die Wäsche von der Leine und räume den Sonnenschirm weg!" Rudi sitzt am Computer. Er hört die Türe ins Schloss fallen und Mutters Auto wegfahren. Aber bevor er in den Garten geht, muss er im Computerspiel den neuen Level noch knacken. Seit einer Stunde sitzt er schon dran.

Schreibe die Erzählung fertig.

Rudi dachte, dass es nicht lange dauert, das Level zu knacken.

Er spielte und spielte und vergas dabei die Sachen die ihm seine Mutter aufgetragen hatte.
Auf einmal ging das Licht aus. Rudi bekam Angst. Plötzlich ging das Licht wieder an, und er war erleichtert.

Als das Telefon dann noch klingelte, erschrak er und fragte sich "was war das?" Als er dann bemerkte es war das Telefon, ging er dran.

Seine Mutter war am Apparat und fragte, ob er die aufgetragenen Aufgaben erledigt hätte, da draußen ein Gewitter tobte.

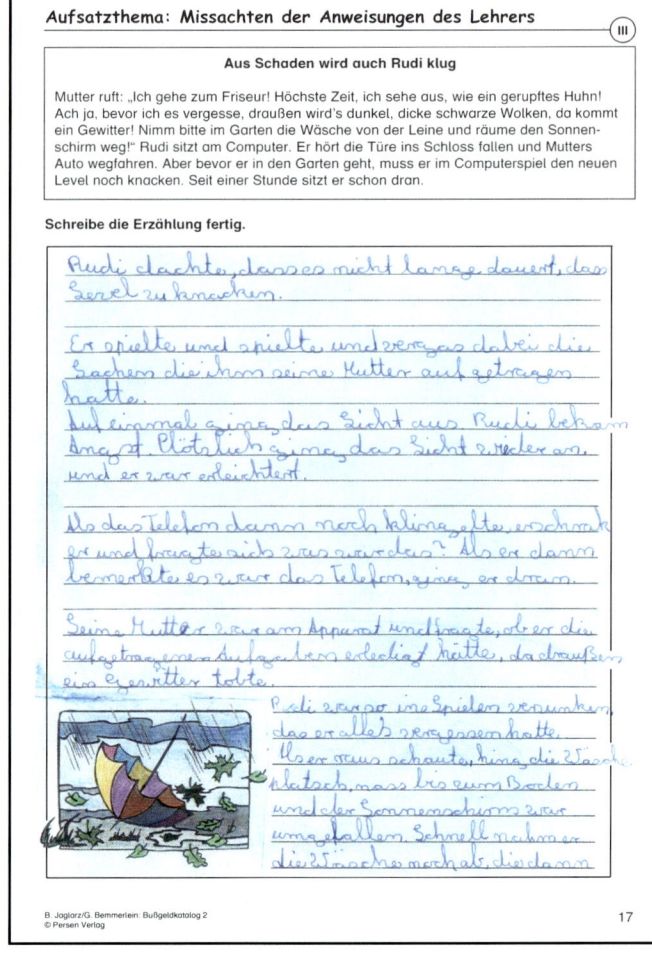

Rudi war so ins Spielen versunken, dass er alles vergessen hatte. Als er raus schaute, hing die Wäsche klatsch nass bis zum Boden und der Sonnenschirm war umgefallen. Schnell nahm er die Wäsche noch ab, die dann

---

Folgeseite für Textaufgaben

noch mal in die Waschmaschine musste und der Sonnenschirm kam in die Garage.
Als seine Mutter nach Hause kam und die nasse Wäsche sah war sie ziemlich sauer und sagte: "Hättest du deine Aufgaben gleich erledigt, hätte ich jetzt nicht die doppelte Arbeit mit der Wäsche.

Das Fazit der Geschichte = der Spruch ganz bekannt:
Was man sofort kann erledigen bitte, nicht auf später verschieben.

oder
"Was du heute kannst besorgen, das verschiebe nicht auf Morgen!"

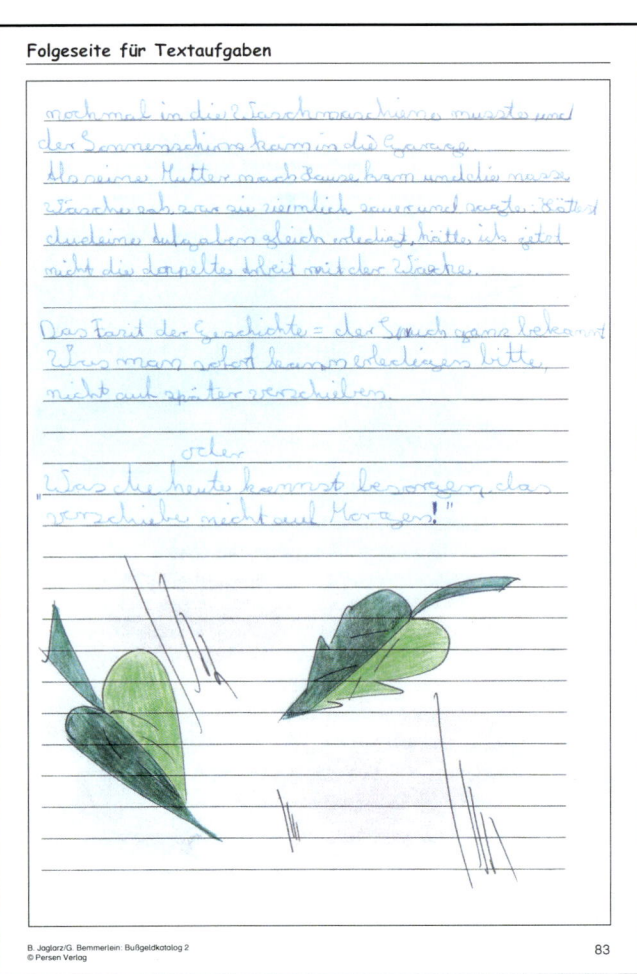

Aufsatzthema: Lautes Verhalten im Unterricht (II)

Als lautstärkstes Tier gilt der in Südamerika lebende Brüllaffe.
Sein Geschrei ist selbst im Urwald kilometerweit zu hören.

Verfasse eine lustige Erzählung zum folgenden Thema.

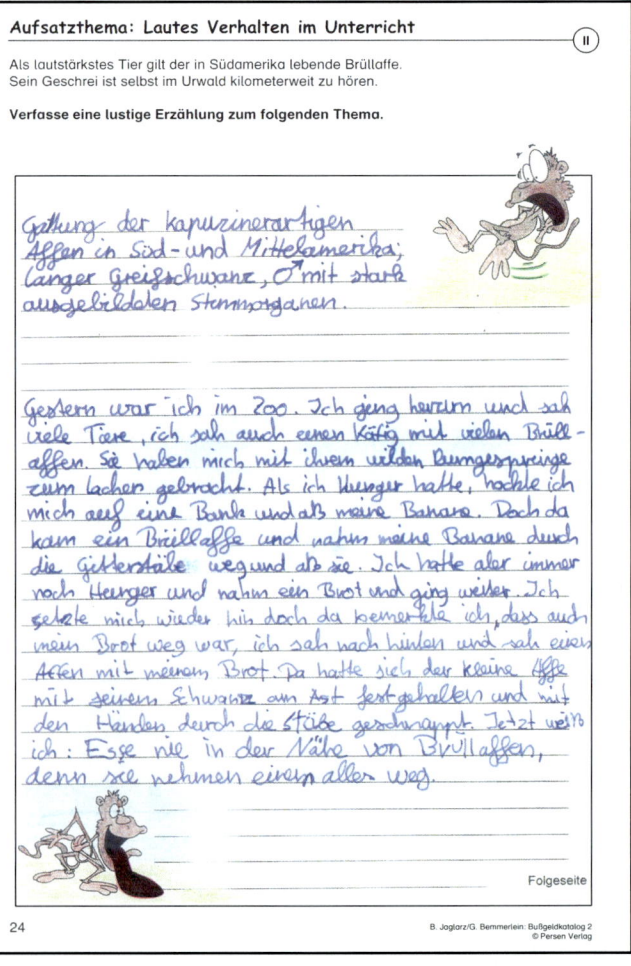

Gattung der kapuzinerartigen Affen in Süd- und Mittelamerika; langer Greifschwanz, ♂ mit stark ausgebildeten Stimmorganen.

Gestern war ich im Zoo. Ich ging herum und sah viele Tiere, ich sah auch einen Käfig mit vielen Brüllaffen. Sie haben mich mit ihrem wilden Rumgespringe zum lachen gebracht. Als ich Hunger hatte, hockte ich mich auf eine Bank und aß meine Banane. Doch da kam ein Brüllaffe und nahm meine Banane durch die Gitterstäbe weg und aß sie. Ich hatte aber immer noch Hunger und nahm ein Brot und ging weiter. Ich setzte mich wieder hin doch da bemerkte ich, dass auch mein Brot weg war, ich sah nach hinten und sah einen Affen mit meinem Brot. Da hatte sich der kleine Affe mit seinem Schwanz am Ast festgehalten und mit den Händen durch die Stäbe geschnappt. Jetzt weiß ich: Esse nie in der Nähe von Brüllaffen, denn sie nehmen einem alles weg.

Folgeseite

Beispielarbeiten

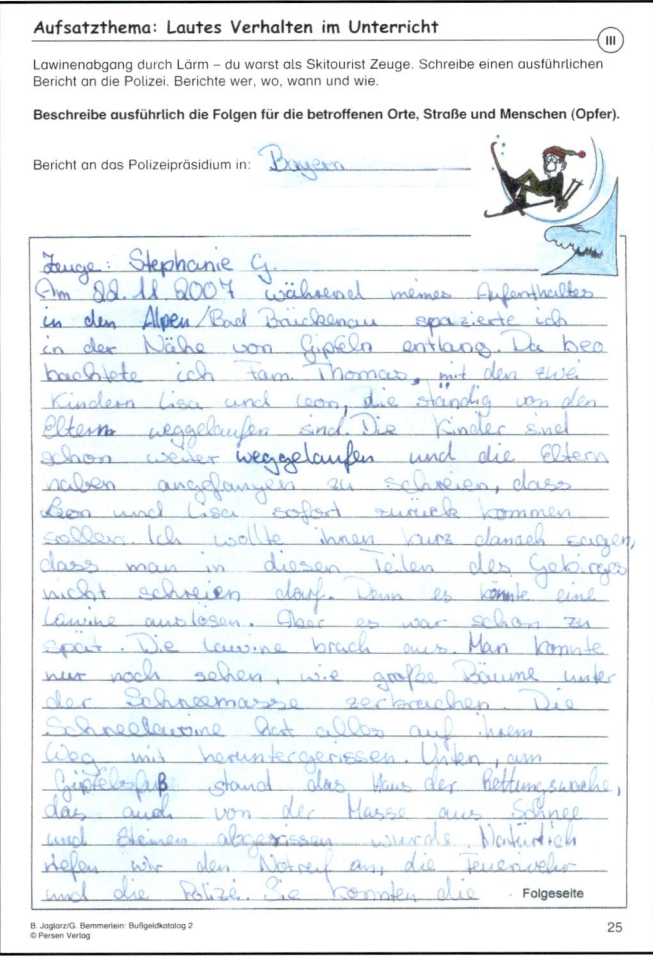

Zeuge: Stephanie G.
Am 22.11.2007 während meines Aufenthaltes in den Alpen/Bad Brückenau spazierte ich in der Nähe von Gipfeln entlang. Da beobachtete ich Fam. Thomas, mit den zwei Kindern Lisa und Leon, die ständig von den Eltern weggelaufen sind. Die Kinder sind schon weiter weggelaufen und die Eltern haben angefangen zu schreien, dass Leon und Lisa sofort zurück kommen sollen. Ich wollte ihnen kurz danach sagen, dass man in diesen Teilen des Gebirges nicht schreien darf. Denn es könnte eine Lawine auslösen. Aber es war schon zu spät. Die Lawine brach aus. Man konnte nur noch sehen, wie große Bäume unter der Schneemasse zerbrachen. Die Schneelawine hat alles auf ihrem Weg mit heruntergerissen. Unten, am Gipfelfuß stand das Haus der Rettungswache, das auch von der Masse aus Schnee und Steinen abgerissen wurde. Natürlich riefen wir den Notarzt an, die Feuerwehr und die Polizei. Sie konnten die · Folgeseite

Folgeseite für Textaufgaben

verschütteten Menschen finden und retten. Alle Menschen, die sich in dem betroffenen Haus befanden, kamen mit schweren Verletzungen ... ins Krankenhaus. Zum Glück ist niemand ums Leben gekommen.

Bad Brückenau, 23.11.07

S.G.

Edvard Munch: „Der Schrei"

Eine Frau im schwarzen langen Kleid steht auf einer Brücke an einem roten Geländer. Hinter ihr folgen in einiger Entfernung zwei andere schwarz gekleidete Personen in langen Kleidern oder Mänteln.

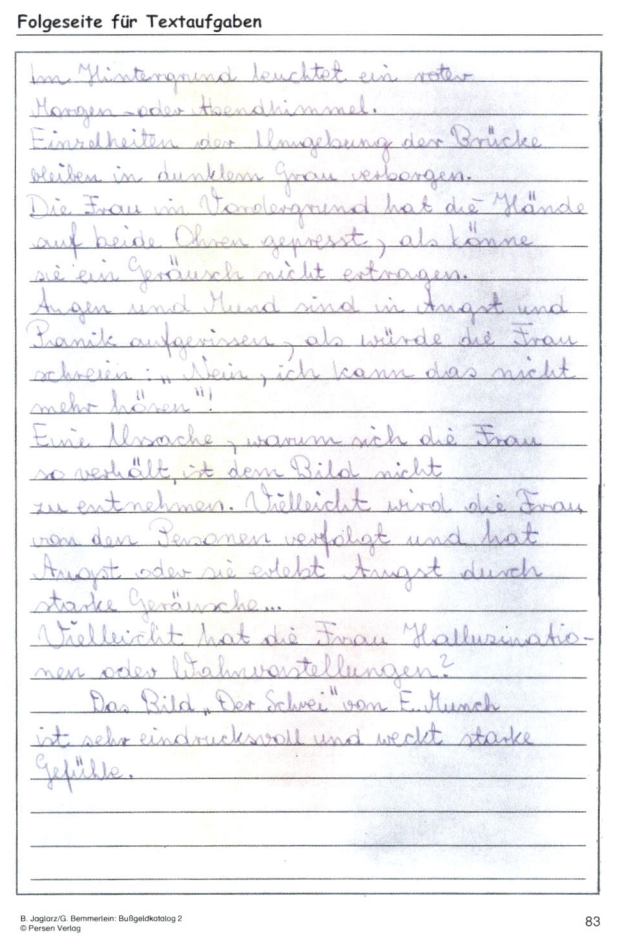

Folgeseite für Textaufgaben

Im Hintergrund leuchtet ein roter Morgen- oder Abendhimmel. Einzelheiten der Umgebung der Brücke bleiben in dunklem Grau verborgen. Die Frau im Vordergrund hat die Hände auf beide Ohren gepresst, als könne sie ein Geräusch nicht ertragen. Augen und Mund sind in Angst und Panik aufgerissen, als würde die Frau schreien: „Nein, ich kann das nicht mehr hören!" Eine Ursache, warum sich die Frau so verhält, ist dem Bild nicht zu entnehmen. Vielleicht wird die Frau von den Personen verfolgt und hat Angst oder sie erlebt Angst durch starke Geräusche... Vielleicht hat die Frau Halluzinationen oder Wahnvorstellungen? Das Bild „Der Schrei" von E. Munch ist sehr eindrucksvoll und weckt starke Gefühle.

Beispielarbeiten

Wenn essen, dann bitte richtig ... Erkundige dich, im Internet, im Kochbuch oder in einer Pizzeria, wie eine Pizza „Vier Jahreszeiten" (quadro stagioni) hergestellt und belegt wird. Schenke uns schriftlich das von dir erkundete Rezept.

Zähle zuerst die Zutaten auf und verfasse dann das ausführliche Kochrezept.

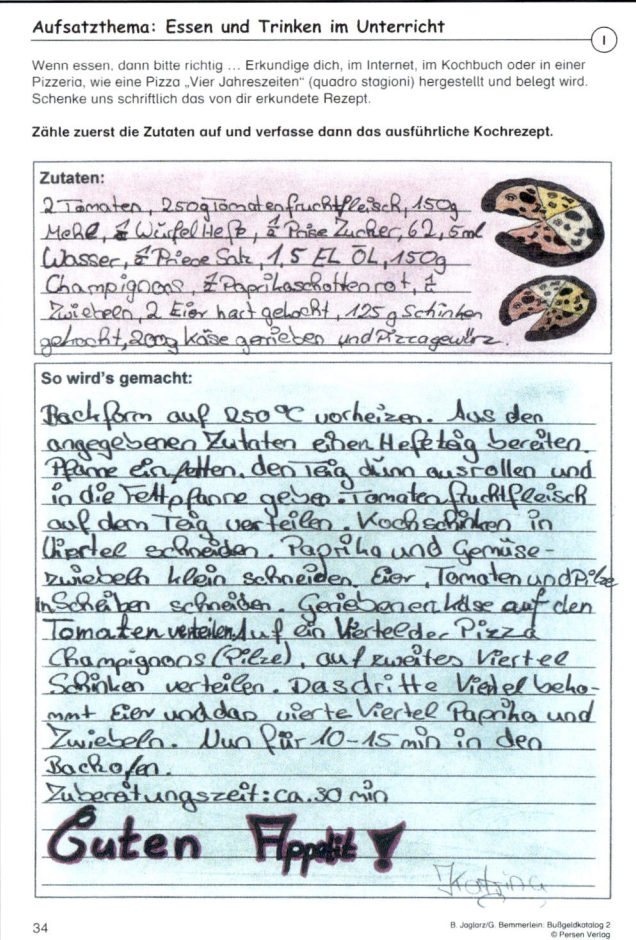

Zutaten:

2 Tomaten, 250 g Tomatenfruchtfleisch, 150 g Mehl, ½ Würfel Hefe, ½ Prise Zucker, 62,5 ml Wasser, ½ Prise Salz, 1,5 EL Öl, 150 g Champignons, ½ Paprikaschoten rot, ½ Zwiebeln, 2 Eier hart gekocht, 125 g Schinken gekocht, 200 g Käse gerieben und Pizzagewürz.

So wird's gemacht:

Backform auf 250 °C vorheizen. Aus den angegebenen Zutaten einen Hefeteig bereiten. Pfanne einfetten, den Teig dünn ausrollen und in die Fettpfanne geben. Tomatenfruchtfleisch auf dem Teig verteilen. Kochschinken in Viertel schneiden. Paprika und Gemüse-zwiebeln klein schneiden. Eier, Tomaten und Pilze in Scheiben schneiden. Geriebenen Käse auf den Tomaten verteilen. Auf ein Viertel der Pizza Champignons (Pilze), auf zweites Viertel Schinken verteilen. Das dritte Viertel bekommt Eier und das vierte Viertel Paprika und Zwiebeln. Nun für 10–15 min in den Backofen.
Zubereitungszeit: ca. 30 min

Guten Appetit!

Reizwortliste:
Pferdekoppel – Füttern verboten – Jonas liebt Pferde – Brötchen füttern – Pferde krank

Schreibe eine gute Erzählung, vergiss die Überschrift nicht.

Die kranken Pferde

Ein kleiner Junge namens Jonas ging mit einer Tüte voller altem Brot und Brötchen zur Pferdekoppel. Ihr müsst wissen, Jonas ist ein Riesen-Pferde-Fan, er weiß so gut wie alles über Pferde. Als er an der großen Pferdekoppel ankam, griff er einmal in die Tüte und hielt eine Hand mit altem und harten Brotstücken in die Luft. Sofort kamen die Pferde angetrabt und kauten, vergnügt das, was ihnen Jonas mitgebracht hatte. Da die Tüte leer war, streichelte er die Pferde noch ein bisschen. Dann aber ging er auch heim, weil es dunkel wurde. Jonas las am nächsten Tag die Zeitung, ...

Füttern verboten!

Viele Menschen sehen das Kauen von Kaugummi auch als Ausdruck ihrer Persönlichkeit. Es soll oft dem sozialen Umfeld Selbstsicherheit und Lässigkeit demonstrieren. Leider wissen die Anderen das auch und sehen dem Bemühen des Einen cool zu wirken eher vergnügt zu, wie auch der Zeichner des folgenden Bildes.

Male das Bild aus und beschreibe das Mädchen genau.

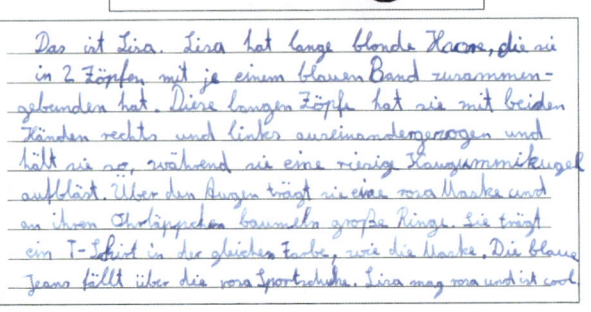

Das ist Lira. Lira hat lange blonde Haare, die sie in 2 Zöpfen mit je einem blauen Band zusammen-gebunden hat. Diese langen Zöpfe hat sie mit beiden Händen rechts und links auseinandergezogen und hält sie so, während sie eine riesige Kaugummikugel aufbläst. Über den Augen trägt sie eine rote Maske und an ihren Ohrläppchen baumeln große Ringe. Sie trägt ein T-Shirt in die gleiche Farbe, wie die Maske. Die blaue Jeans fällt über die roten Sportschuhe. Lira mag ma und ist cool

---

Es gibt viele Tiere, die einen Großteil ihres Lebens kauend verbringen. Die Biologen fassen diese Gruppe von Tieren unter dem Begriff „Wiederkäuer" zusammen. Erkundige dich, um welche bekannten Tiere es sich handelt, wie lange und wie oft sie wiederkäuen und warum sie dies tun.

Schreibe dann ein Referat zum Thema „Die Wiederkäuer".

Wiederkäuer sind eine Unterordnung der Paarhufer. Sie sind Pflanzenfresser und besitzen einen mehrteiligen Wiederkäuer-magen, der es ihnen durch mikrobielle Verdauung ermöglicht, auch schwere Kohlenhydrate als Nahrung zu nutzen, die für andere Säugetiere mit nur einem Magen unverdaulich sind. Neben den Wieder-käuern sind auch andere Pflanzenfresser wie Känguru, Schlankaffen, Pferde und hasenartige in der Lage, Zellulose (der Hauptbestandteil von Pflanzen-Zellwänden) mit Hilfe von Mikroorganismen zu verdauen, jedoch im Dickdarm, was für die Weiterverarbeitung von mikrobiellen Eiweiß eine weniger günstige Verdauung recht wenig macht.

Der Ausdruck "Wiederkäuer" ...

Folgeseite

Beispielarbeiten

schweine, die Faultiere, die Schlank- und Stummel-
affen und die Känguros. Der Hoatzin ver-
daut ähnlich wie Wiederkäuer, jedoch sind hier
das untere Ende der Speiseröhre und der
Kopf zu Vormägen umgebildet. Die Wale sind
mit den Flusspferden verwandt und haben
von ihren land leben den Vorfahren den
geKammerten Magen geerbt. Ihr Magen funktioniert
jedoch nicht als Wiederkäuermagen, da sie sich
von tierische Nahrung ernähren. Grauwale, Grönland-
wale und Zwergwale nutzen Bakterien um
das ChitinsKelett des Krills zu verdauen.

Die Kuh ist bekanntlich ein Wiederkäuer. Auch die „Gelbe Kuh" von Franz Marc.
Prüfe im Internet oder in der Fachliteratur, wie das Bild in Farbe aussieht.

**Male es dann in Farbe entsprechend der Malvorlage mit Wasserfarben.
Beschreibe oder interpretiere das Bild anschließend.**

Franz Marc „Die gelbe Kuh"

Der Betrachter sieht eine Kuh von links nach rechts über
eine hügelige, mit Bäumen und Gräsern bewachsene
Landschaft springen. Im Hintergrund ragen
pyramidenförmige Berge hoch. Am linken Bildrand,
halb von der Kuh verdeckt, grasen im Hintergrund
noch zwei Kühe. Die Kuh springt vor Glück und
Übermut, das sieht man an dem erhobenen Kopf,
dem gestreckten Hals und dem empergestreckten
Schwanz. Der Maler hat den Eindruck der
glücklichen Kuh durch die gelbe Farbe noch

---

gesteigert. Durch die meist hellen Farben der
Landschaft vermitteln ein friedliches Bild
ohne Bedrohung.
Der Maler gestaltete das Bild kubistisch mit
einfachen Flächen in Farben, die oft nicht
denen der Natur entsprechen. Er tut das
vermutlich deswegen, um die Empfindung
des Betrachters für das Glück der Kuh zu
steigern.
Das Bild gefällt mir gut, da ich Tiere mag
und ich könnte mir gut vorstellen das Bild
als Poster an einer Wand meines Zimmers
aufzuhängen.

Warum müssen Gegenstände immer zu Boden fallen?
Informiere dich dazu in der Fachliteratur und im Internet.

Schreibe dann ein Referat zum Thema „Isaac Newton, ich hasse dich!".

Isaac Newton wurde am 4.01.1643 in Woolsthorpe
geboren und starb am 31.03. 1727 in London.
Er schuf vor allem das Gravitationsgesetz und damit
eine mathematische Theorie zur Erklärung der Bewegungen
der Himmelskörper.
    Newton entwickelte das Gravitationsgesetz das noch
heute eine Säule in der Astrophysik darstellt.
Er baute das Keplersche Planetensystem nach und
erklärte, wie alle Planeten von der Gravitationskraft
der Sonne auf ihrer Bahn gehalten werden. Newton
formulierte einige Axiome (das sind nicht zu widerlegende
Wahrheiten), die zum Fundament der Physik und
der Himmelsmechanik wurden. Sozusagen ist unser
Verständnis von universum „englisch". Er erklärte Ebbe
und Flut und er entwickelte das leistungsfähige
Spiegelfernrohr. Er erhielt den höchsten Preis für
Astronomie und Physik der Universität Cambridge.
1705 erhob ihn Königin Anne in den Adelsstand.
Newton hatte nun alles im Leben erreicht. Seine Theorien
waren keine Hypothesen, sondern Tatsachen, die sich
nicht widerlegen ließen. Aristoteles hatte vor über
2000 Jahren das alte Weltbild errichtet. Isaac Newton
schuf im 18. Jhr. das moderne Weltbild, das heute
noch gilt. Doch Newtons größte wissenschaftliche
Tat war jedoch die Entdeckung und Definition
der Schwerkraft, der Gravitation. Außerdem vor.

Folgeseite

Beispielarbeiten

Folgeseite für Textaufgaben

(handschriftlicher Text, teilweise unleserlich)

Isaac Newton Ich hasse dich!

Aufsatzthema: Arbeitsmaterial vergessen I

Diplomingenieur Dr. Pütz hat im Bahnhof Hameln seine voll gepackte Tasche vergessen. Er ruft verzweifelt aus Köln in Hameln an, die Bahnhofsverwaltung möge die Tasche sicherstellen. Der Bahnangestellte verlangt eine genaue Beschreibung der Tasche.

Unten ist die Tasche abgebildet. Male sie aus und beschreibe sie genau.

Meine hellbraune Tasche hat zwei schwarze Tragegriffe. Am rechten Tragegriff hängt ein Karabinerhaken. An der Schmalseite der Tasche ist eine Seitentasche angenäht, in der eine Zeitung steckt. Die Tasche enthält drei Hauptfächer, die mit Reißverschlüssen zu öffnen sind. Auf der vorderen Seite oben, ist ein gelbes Schild mit den Buchstaben „J. P." aufgenäht. Über die Vorderseite erstreckt sich unterhalb der Befestigungen des Tragegriffs ein kleines Fach über die ganze Länge der Tasche. Auf diesem Fach sind zwei kleine Außentaschen mit dunkelbraunen Deckklappen angebracht. Aus der rechten Außentasche schaut eine Orangensaftflasche mit grünem Verschluss heraus.

Aufsatzthema: Arbeitsmaterial vergessen II

> **Der dümmste Bankräuber der Welt**
> Er vergaß, Augenschlitze in die Maske zu schneiden.

Erfinde zu der Schlagzeile eine gute Geschichte und schreibe sie als Zeitungsbericht.

(handschriftlicher Text, unleserlich)

Aufsatzthema: Sportsachen vergessen I

> **Die Wunderschuhe**

In Sport hatte Kevin „Dauerärger", wie er zu sagen pflegte. Er lief nicht schnell genug und das verhagelte ihm seit der Grundschule die Eins.

Eines Tages stöberte er in Omas Häuschen auf dem Speicher. Dort fand er uralte Sportschuhe, richtig altmodische, klobige, schwarze Lederdinger. Sie waren gefettet, unglaublich gepflegt und in Seidenpapier gewickelt. „Och", sagte Oma, „die gehörten Opa. Als er noch jünger war er der schnellste Läufer der Stadt, obwohl er nie trainierte. Weiß der Teufel, wie er das fertig gebracht hat. Die Schuhe hat er abgöttisch geliebt und gehegt und gepflegt. In denen ist er bei den Wettbewerben gelaufen. Du kannst sie haben, als Erinnerung an Opa."

Zu Hause betrachtete Kevin die Schuhe. „Meine Größe", dachte er. Er zog sie an und als er mit ihnen ein paar Schritte machte, wusste er sofort, warum Opa der Schnellste gewesen war: Die Schuhe liefen mit ihm, nicht er mit ihnen. Und sie rannten unglaublich schnell mit ihm. Von da an war er der schnellste Läufer der Schule, wie früher Opa. Die anderen lachten über die verrückten Schuhe, aber seine Erklärung, Opas Klamotten brächten ihm eben Glück, akzeptierte auch Herr Kapp, der sonst so strenge Sportlehrer. Dann kam das große Stadtsportfest der Schulen, Favorit im 100m-Lauf war Kevin, wie sonst.

Kevin kam, zog sich um – und hatte die Wunderschuhe zu Hause vergessen. „Macht nix, kommt vor!", rief Herr Kapp, „kein Problem, ich kenne den Besitzer des Sportgeschäftes gleich hier nebenan! Warte kurz, in drei Minuten bring ich dir ein Paar Superlaufschuhe!"

Erzähle die Geschichte fertig.

Als er zurück kam und ihm die neuen Schuhe brachte, konnte er aber nicht so schnell laufen, wie mit denen von Opa. Der Ansager rief: „Noch 5 Minuten bis zum Start." Kevin überlegte und fand eine Lösung. Er dachte: „Oma sagte doch, dass Opa nie trainiert hatte und wenn ich trainiere, dann kann ich vielleicht gewinnen." 5 Minuten später ging er an den Start und der Ansager rief: „3, 2, 1, los!!!" Kevin lief und lief. Und wurde leider nur zweiter im Marathon aber wenigstens etwas. Er war stolz auf sich und trainierte ab sofort jeden Tag, ohne die tollen Schuhe von Opa.

Beispielarbeiten

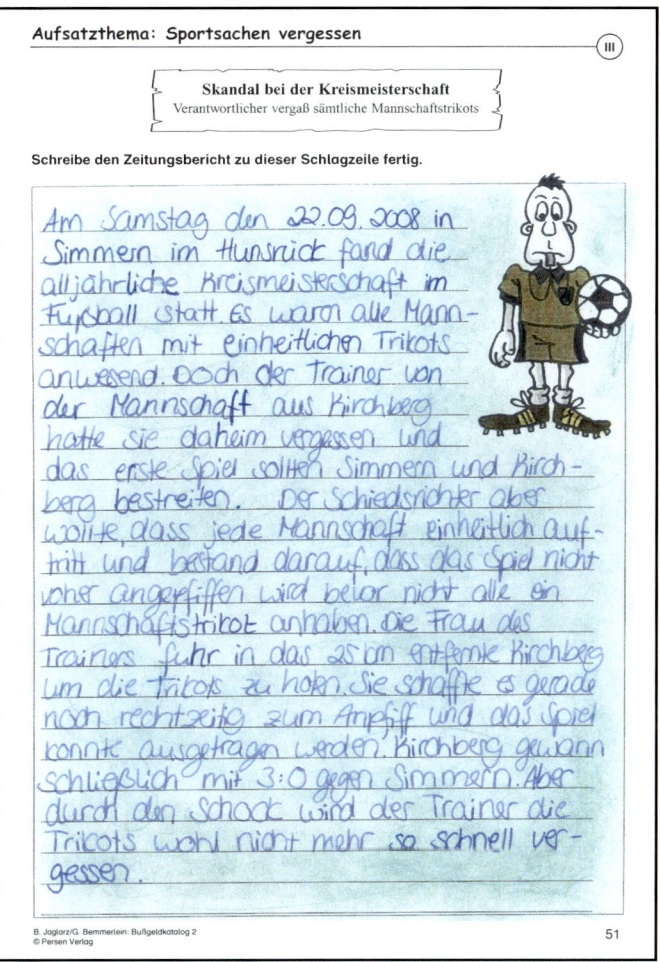

Aufsatzthema: Sportsachen vergessen (III)

Skandal bei der Kreismeisterschaft
Verantwortlicher vergaß sämtliche Mannschaftstrikots

Schreibe den Zeitungsbericht zu dieser Schlagzeile fertig.

Am Samstag den 22.09.2008 in Simmern im Hunsrück fand die alljährliche Kreismeisterschaft im Fußball statt. Es waren alle Mannschaften mit einheitlichen Trikots anwesend. Doch der Trainer von der Mannschaft aus Kirchberg hatte sie daheim vergessen und das erste Spiel sollten Simmern und Kirchberg bestreiten. Der Schiedsrichter aber wollte, dass jede Mannschaft einheitlich auftritt und bestand darauf, dass das Spiel nicht eher angepfiffen wird bevor nicht alle ein Mannschaftstrikot anhaben. Die Frau des Trainers fuhr in das 25 km entfernte Kirchberg um die Trikots zu holen. Sie schaffte es gerade noch rechtzeitig zum Anpfiff und das Spiel konnte ausgetragen werden. Kirchberg gewann schließlich mit 3:0 gegen Simmern. Aber durch den Schock wird der Trainer die Trikots wohl nicht mehr so schnell vergessen.

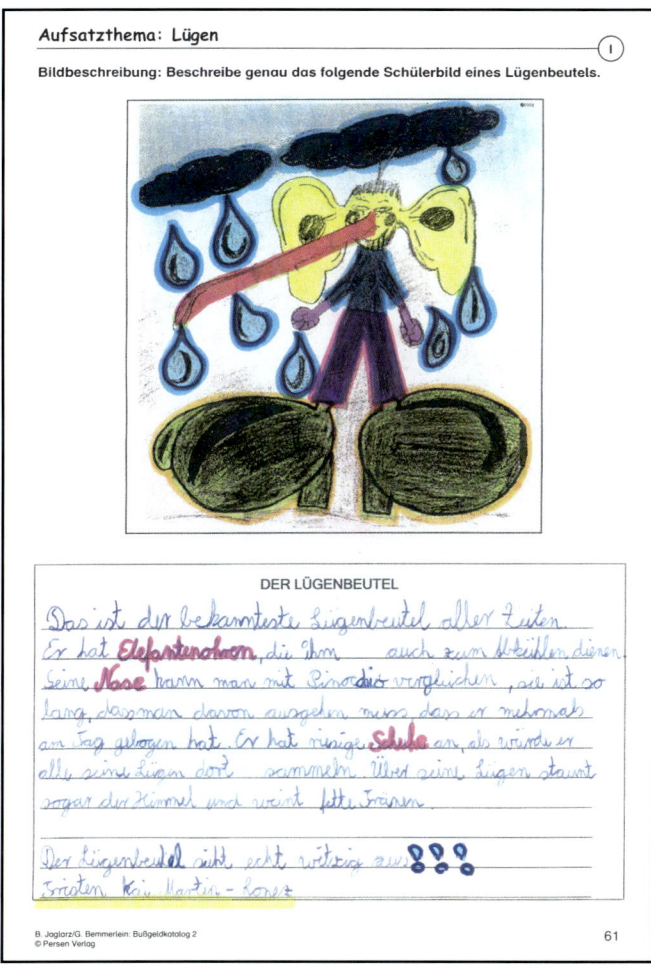

Aufsatzthema: Lügen (I)

Bildbeschreibung: Beschreibe genau das folgende Schülerbild eines Lügenbeutels.

DER LÜGENBEUTEL

Das ist der bekannteste Lügenbeutel aller Zeiten. Er hat **Elefantenohren**, die ihm auch zum Abkühlen dienen. Seine **Nase** kann man mit Pinocchio vergleichen, sie ist so lang, dass man davon ausgehen muss, dass er mehrmals am Tag gelogen hat. Er hat riesige **Schuhe** an, als würde er alle seine Lügen dort sammeln. Über seine Lügen staunt sogar der Himmel und weint fette Tränen.

Der Lügenbeutel sieht echt witzig aus. 😮😮😮
Frieda, Kai, Martin – honex

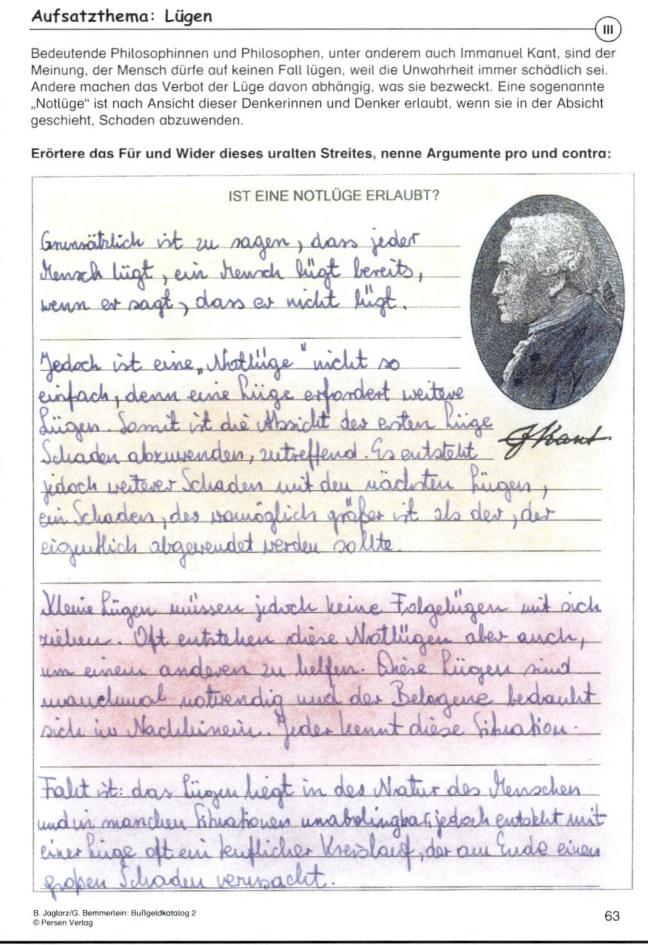

Aufsatzthema: Lügen (III)

Bedeutende Philosophinnen und Philosophen, unter anderem auch Immanuel Kant, sind der Meinung, der Mensch dürfe auf keinen Fall lügen, weil die Unwahrheit immer schädlich sei. Andere machen das Verbot der Lüge davon abhängig, was sie bezweckt. Eine sogenannte „Notlüge" ist nach Ansicht dieser Denkerinnen und Denker erlaubt, wenn sie in der Absicht geschieht, Schaden abzuwenden.

Erörtere das Für und Wider dieses uralten Streites, nenne Argumente pro und contra:

IST EINE NOTLÜGE ERLAUBT?

Grundsätzlich ist zu sagen, dass jeder Mensch lügt, ein Mensch lügt bereits, wenn er sagt, dass er nicht lügt.

Jedoch ist eine „Notlüge" nicht so einfach, denn eine Lüge erfordert weitere Lügen. Somit ist die Absicht der ersten Lüge Schaden abzuwenden, zutreffend. Es entsteht jedoch weiterer Schaden mit den nächsten Lügen, ein Schaden, der womöglich größer ist als der, der eigentlich abgewendet werden sollte.

Kleine Lügen müssen jedoch keine Folgelügen mit sich ziehen. Oft entstehen diese Notlügen aber auch, um einem anderen zu helfen. Diese Lügen sind manchmal notwendig und der Belogene bedankt sich in Nachhinein. Jeder kennt diese Situation.

Fazit ist: das Lügen liegt in der Natur des Menschen und in manchen Situationen unabdingbar jedoch entsteht mit einer Lüge oft ein teuflischer Kreislauf, der am Ende einen großen Schaden verursacht.

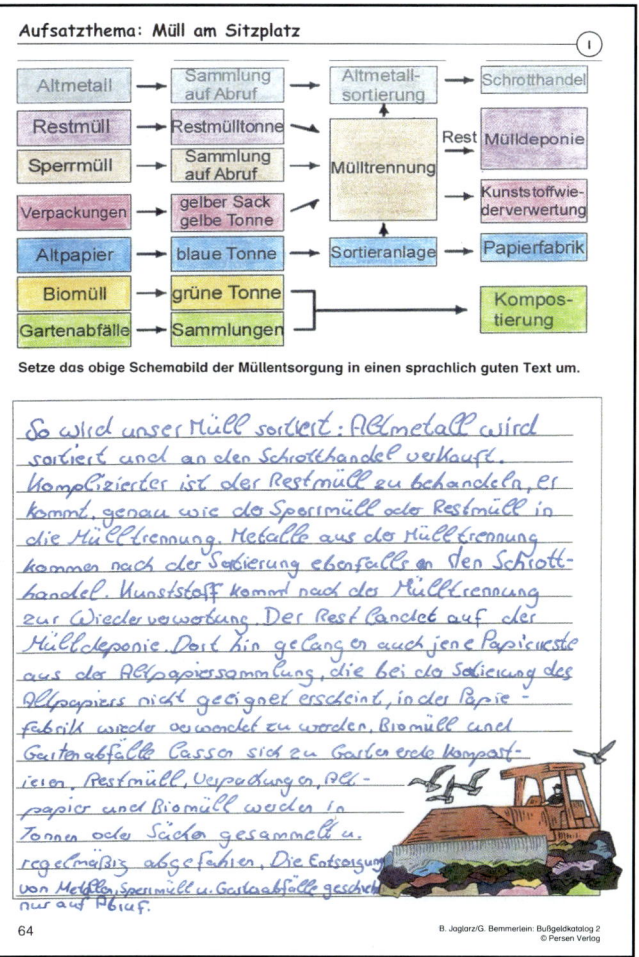

Aufsatzthema: Müll am Sitzplatz (I)

Altmetall →	Sammlung auf Abruf →	Altmetall-sortierung →	Schrotthandel
Restmüll →	Restmülltonne		Mülldeponie
Sperrmüll →	Sammlung auf Abruf	Mülltrennung → Rest	Kunststoffwiederverwertung
Verpackungen →	gelber Sack gelbe Tonne		
Altpapier →	blaue Tonne	Sortieranlage →	Papierfabrik
Biomüll →	grüne Tonne		Kompostierung
Gartenabfälle →	Sammlungen		

Setze das obige Schemabild der Müllentsorgung in einen sprachlich guten Text um.

So wird unser Müll sortiert: Altmetall wird sortiert und an den Schrotthandel verkauft. Komplizierter ist der Restmüll zu behandeln, er kommt, genau wie der Sperrmüll oder Restmüll in die Mülltrennung. Metalle aus der Mülltrennung kommen nach der Sortierung ebenfalls an den Schrotthandel. Kunststoff kommt nach der Mülltrennung zur Wiederverwertung. Der Rest landet auf der Mülldeponie. Dort hin gelangen auch jene Papierreste aus der Altpapiersammlung, die bei der Sortierung des Altpapiers nicht geeignet erscheint, in der Papierfabrik wieder verwendet zu werden. Biomüll und Gartenabfälle lassen sich zu Gartenerde kompostieren. Restmüll, Verpackungen, Altpapier und Biomüll werden in Tonnen oder Säcken gesammelt u. regelmäßig abgefahren. Die Entsorgung von Metallen, Sperrmüll u. Gartenabfälle geschieht nur auf Abruf.

Beispielarbeiten

Aufsatzthema: Werfen von Gegenständen auf dem Schulgelände

Zugegeben: So eine Kastanie liegt richtig gut in der Hand wenn man sie wirft. Aber sie ist ziemlich hart für den, den sie trifft. Also wirf nicht damit und auch nicht mit anderen harten Gegenständen.

Beschreibe lieber anhand der Bildfolge, wie eine Kastanie entsteht.

Wachstum der Kastanie.

Die Knospe fängt langsam an zu wachsen und breitet sich aus. Als Nächstes kommt die Ausbildung der Blüte. Danach kommen die Blütenbildungen dran. Aber auch die Befruchtung kommt auch nach. Die Umschale der Kastanie wird immer größer. Als vorletztes springt die Schale der Kastanie auf und man kann sie schon ein bisschen sehen. Zum Schluss kann man die Kastanie ganz sehen und sammeln.

Aufsatzthema: Rauchen auf dem Schulgelände

Beschreibe das folgende Bild und erläutere, was die Malerin uns mitteilen will.

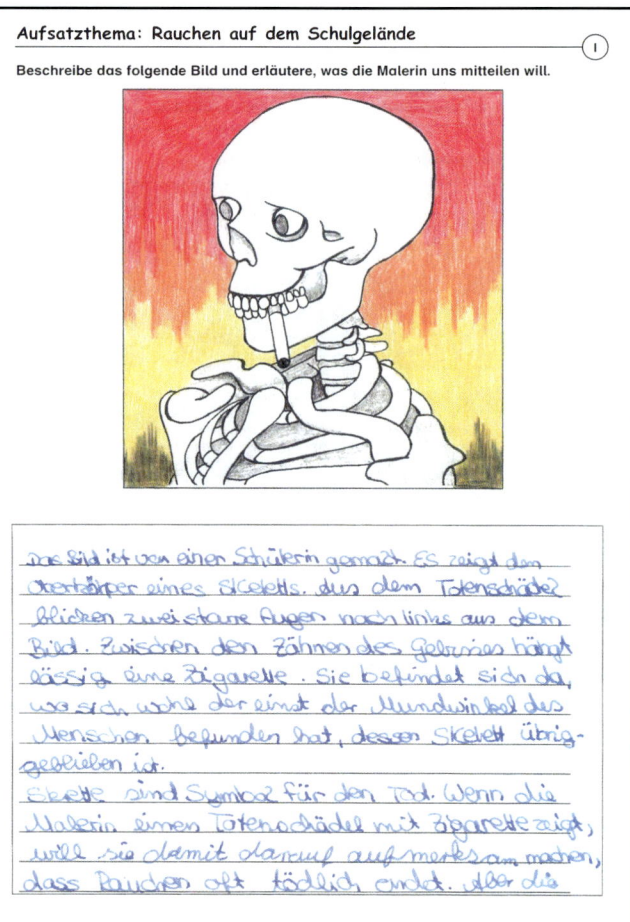

Das Bild ist von einer Schülerin gemacht. Es zeigt den Oberkörper eines Skeletts. Aus dem Totenschädel blicken zwei starre Augen nach links aus dem Bild. Zwischen den Zähnen des Gebisses hängt lässig eine Zigarette. Sie befindet sich da, wo sich wohl der einst der Mundwinkel des Menschen befunden hat, dessen Skelett übriggeblieben ist.

Skelette sind Symbol für den Tod. Wenn die Malerin einen Totenschädel mit Zigarette zeigt, will sie damit darauf aufmerksam machen, dass Rauchen oft tödlich endet. Aber die

---

Folgeseite für Textaufgaben

Malerin zeigt auch Ironie. Die Zigarette hängt dem Skelett so lässig aus den nicht mehr vorhandenen Mundwinkel, als habe das Skelett immer noch nicht begriffen, was geschehen ist.

Aufsatzthema: Rauchen auf dem Schulgelände

In öffentlichen Gebäuden und in Gaststätten ist Rauchen fast immer verboten, weil Rauchen der Gesundheit schadet, ja tödlich enden kann. Aber viele Menschen wehren sich, sie empfinden das Rauchverbot als unzulässigen Eingriff in die persönliche Freiheit.

Erörtere das Für und Wider dieser Gesetzgebung, nenne Argumente pro und contra und fälle dein eigenes Urteil.

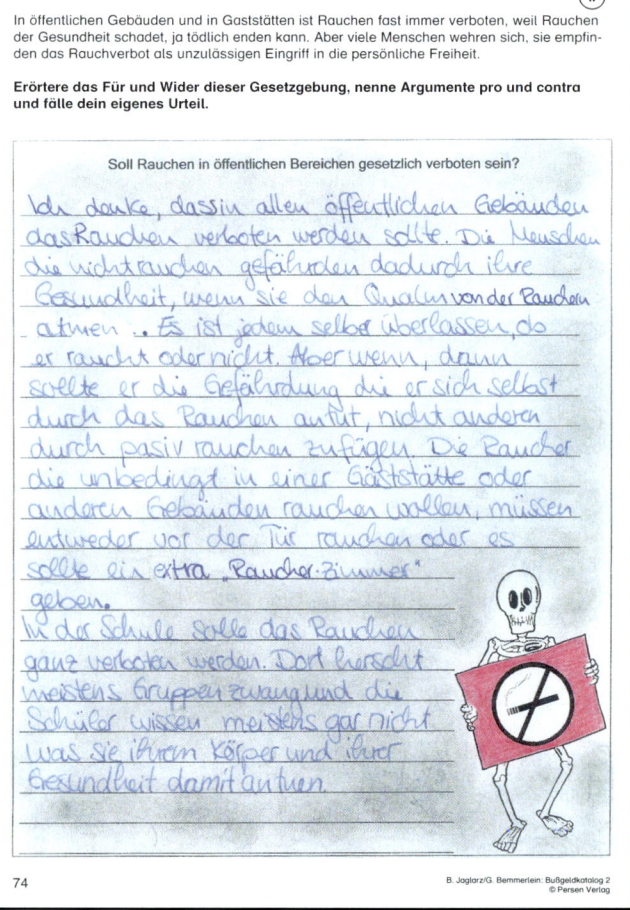

Soll Rauchen in öffentlichen Bereichen gesetzlich verboten sein?

Ich denke, dass in allen öffentlichen Gebäuden das Rauchen verboten werden sollte. Die Menschen die nicht rauchen gefährden dadurch ihre Gesundheit, wenn sie den Qualm von den Rauchern atmen. Es ist jedem selber überlassen, ob er raucht oder nicht. Aber wenn, dann sollte er die Gefährdung die er sich selbst durch das Rauchen antut, nicht anderen durch passiv rauchen zufügen. Die Raucher die unbedingt in einer Gaststätte oder anderen Gebäuden rauchen wollen, müssen entweder vor der Tür rauchen oder es sollte ein extra „Raucher-Zimmer" geben.

In der Schule sollte das Rauchen ganz verboten werden. Dort herrscht meistens Gruppenzwang und die Schüler wissen meistens gar nicht was sie ihrem Körper und ihrer Gesundheit damit antun.

Folgeseite für Textaufgaben

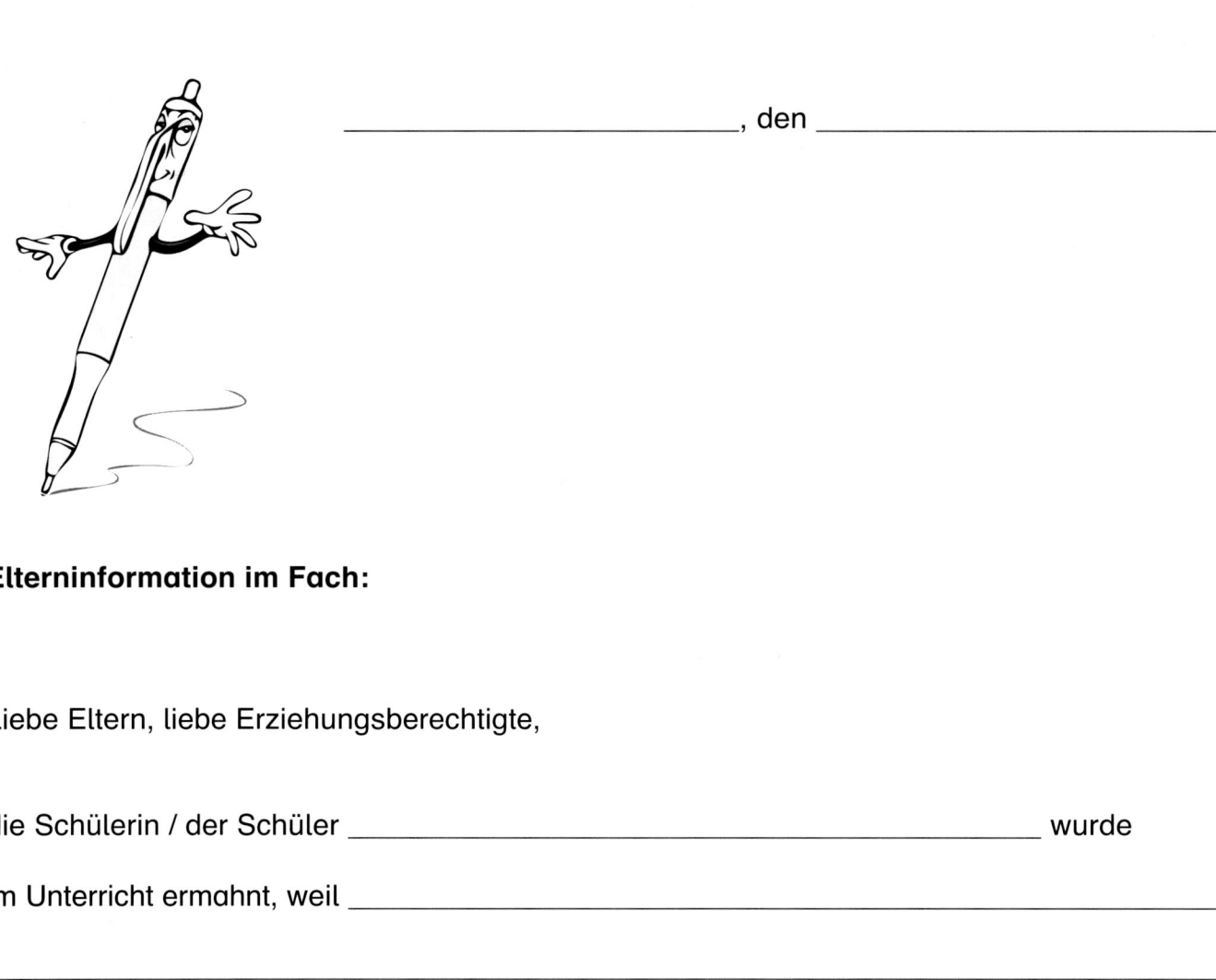

_____, den _____

Elterninformation im Fach:

Liebe Eltern, liebe Erziehungsberechtigte,

die Schülerin / der Schüler _____ wurde

im Unterricht ermahnt, weil _____

_____

Die Schülerin / der Schüler erhielt deshalb eine Zusatzaufgabe. Diese dient dazu, dass sie / er sich gedanklich mit seinem Fehlverhalten auseinandersetzt.

Die Zusatzaufgabe soll bis zum _____ abgegeben und mit Ihrer Unterschrift versehen sein.

Ich hoffe, dass sich das Verhalten Ihres Kindes ändert, sodass in Zukunft keine weitergehenden erzieherischen Maßnahmen notwendig werden.

Mit freundlichen Grüßen

_____

_____

Unterschrift eines Erziehungsberechtigten

B. Jaglarz/G. Bemmerlein: Bußgeldkatalog 2
© Persen Verlag